フランス料理の新しい前菜

リオネル・ベカ／エスキス　工藤 健／メゾン・ラフィット　川手寛康／フロリレージュ
柴田秀之／ラ クレリエール　石井 誠／ル・ミュゼ

柴田書店

はじめに

皿数の多いおまかせコースが定着した現代のレストランでは、
前菜が4皿、5皿、6皿……と続くコースもめずらしくありません。

自然と、前菜に求められる要素も変化してきました。
より幅広い食材のバリエーション、明確なメッセージ、
印象的な盛りつけ、ストーリー性。
「前菜とは何か？」を一言で定義することはもはや難しく、
Entrée（アントレ）＝コースの「入り口」という意味を超えて、
前菜の役割が広がっているようです。

そこで頭に浮かぶのは、Hors-d'Œuvre（オードヴル）という言葉。
同じく前菜を指しますが、辞書によっては「とくに冷製の料理」とあるように
食前酒とともに楽しむ小品のイメージが強く、
人によってはやや古風な印象を抱くかもしれません。

しかし、「献立外／作品外」という、この言葉の原義に立ち返るとどうでしょう？
魚料理や肉料理のような折り目正しい「作品」の枠には収まらない、
料理人が心のおもむくままにつくることができる料理。
それが本来の姿だとすれば、現代は、前菜が再びHors-d'Œuvreとしての姿を
取り戻しつつある時代だと言えるのではないでしょうか。

主菜に対しての前菜から、自由で常識にとらわれない「作品外」の前菜へ。
2020年代の前菜の姿を、5人のシェフの仕事を通して紹介します。

目次

I/

リオネル・ベカ
エスキス

II

工藤 健

メゾン・ラフィット

III

川手寛康

フロリレージュ

79, 81, 85, 87, 91, 93, 97, 99頁の
カクテル製作：大場文武

Ⅳ／

柴田秀之

ラ・クレリエール

Ⅴ／

石井 誠

ル・ミュゼ

この本を使う前に

＊カラーページには、プロセス写真で解説しているパーツのレシピを記載しています。その他の付合せ、ソース、仕上げなどのレシピは巻末に掲載しています。
＊レシピ記載の分量は、つくりやすい、または仕込みやすい分量です。
＊使用する素材や調味料、調理器具によっても出来上がりの状態は変わります。好みの味になるように適宜調整してください。
＊生クリームは、特に指定がない場合は乳脂肪分38%のものを使用しています。
＊オリーブオイルは、特に指定がない場合、エキストラ・ヴァージン・オイルを使用しています。
＊バターは、特に指定がない場合、無塩バターを使用しています。

I ╱

LIONEL BECCAT

ESqUISSE

リオネル・ベカ氏の料理は常に繊細で、装いは現代的。
しかし驚くことに、その厨房では今も手仕事が主役だ。
便利という理由だけでは、安易に最新機器に頼ることはしない。
自身がトロワグロで学んだ「職人技」としてのフランス料理を追求し、
次の世代に引き継ぐことがベカ氏の願いだ。

変換｜イカとからすみ

Transformation | *Calamar et poutargue*

みりん粕にロックフォールやリモンチェッロを加えた漬け床に、イカで巻いたカラスミを2ヵ月ほど漬け込んだ。みりん粕の発酵効果でイカ、カラスミ双方の旨みが増し、ねっとりした食感が生まれる。イカをガーゼで包むのは、漬け床を取り除く際に肌を傷つけないようにするため。「この料理には、イカのなめらかな食感が不可欠。ドレスを脱がせるように、ていねいに扱います」。

1

2

3

4

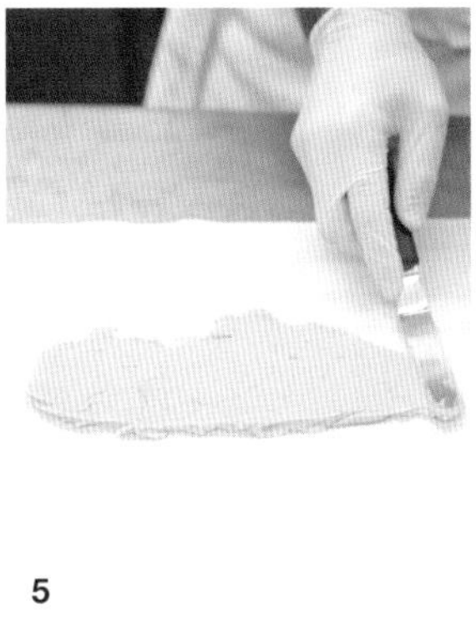
5

6

7

8

［材料］

アオリイカ…1杯
カラスミ…1本
粕床
- みりん粕…1.5kg
- 淡口醤油…500g
- 砂糖…250g
- ロックフォール…100g
- アニス…20g
- リモンチェッロ…200g

［つくり方（→補足レシピ179頁）］

❶ アオリイカをさばき、一枚に開く。
❷ ①にカラスミをのせ、アオリイカの端を直線上に切り整える（Ph.1）。
❸ アオリイカをからすみごとロール状に巻き（Ph.2）、ガーゼでくるむ（Ph.3）。
❹ 粕床の材料（Ph.4）を合わせ、サーモミックスで撹拌する。
❺ 新たなガーゼに④をぬり（Ph.5）、③をのせる。上からも粕床をぬり（Ph.6）、ガーゼでくるむ。袋に入れて真空にかけ、冷蔵庫で1ヵ月半以上漬け込む（Ph.7）。
❻ アオリイカについた粕床をふき取ってから冷凍し、薄切りにする（Ph.8）。自然解凍して提供する。

熟考｜稚鮎とタデ

Réflexion | *Chiayu et tadé*

稚鮎をコース冒頭のスナックに。稚鮎はキュウリウォーターとキノコのだしに浸け、最終加熱前にも同じ液体をスプレーして味わいを補強。工作用のヒートガンを駆使して小さな体の各パーツに最適な火入れをほどこし、「姿は稚鮎なのに、まるで鮎の塩焼きを食べているような」おいしさを表現した。タデのペーストに稚鮎をのせ、酸味がさわやかなマンゴーを添えて提供する。

［材料］

稚鮎…50尾

マリナード

- キュウリウォーター*1…1 ℓ
- シャンピニョンのグラス*2…10%
- 塩…3%

鮎のスプレー

- キュウリウォーター…250g
- シャンピニョンのグラス…15g
- 煎り酒…10g

*1 キュウリをミキサーにかけ、ペーパーで静かに漉したもの

*2 マッシュルームのスライスと水を真空にかけ、85℃で3時間加熱。漉し、3/4量になるまで煮詰めたもの

［つくり方（→補足レシピ179頁）］

❶ 体長15cmほどの稚鮎を使用する（Ph.1）。稚鮎は洗って水気をきる。

❷ マリナードの材料を合わせ、①の稚鮎を30分浸ける（Ph.2）。

❸ ②の水気をふいて、踊り串を打つ（Ph.3）。頭を下にして、パート・モルトでつくった台*に刺し（Ph.4）、一晩冷蔵庫で乾燥させる。

❹ 稚鮎のエラと胸ビレをピンセットなどを用いて開き（Ph.5）、ヒートガンで頭と尾をこんがりと炙る（Ph.6）。

❺ 150℃のオーブンで7分焼き、天板の前後を入れ替えてさらに5分焼く（Ph.7, 8）。稚鮎から串を抜いて保管する。

❻ 鮎のスプレーの材料を合わせてスプレー容器に入れる。提供前に鮎の身と尾にスプレーを吹きつけ（頭にはふらない）、天火で1分半加熱する。

*オーナメントなどに用いる飾り用の生地。ここでは焼いたパート・モルトにアルミ箔をかぶせて使用

叙情｜フォワグラとキノコ

Lyrisme | Foie gras et champignon

フォワグラのムースが純白のマッシュルームをまとった姿が、折り紙のような印象を与える一品。スフレのようにふんわりとしたムースは、サイフォンはおろか泡立て器すら使わず、ゴムベラでさっくりと混ぜて空気を含ませたもの。「何気なく見えて、実はフランス料理の歴史に裏打ちされた技術が込められています」(ベカ氏)。マッシュルームのジュレと酒粕風味の大根おろしを合わせて。

［材料］

フォワグラのマリネ

フォワグラ…1個
フォワグラのマリナード
- 酒粕…2kg
- 麦味噌…500g
- 日本酒(大辛)…500g
- 砂糖…50g

フォワグラのムース

フォワグラのマリネ…200g
塩…フォワグラの重量の1%
白胡椒…フォワグラの重量の0.5%
日本酒(大辛)…30g
生クリーム…120g

［つくり方（→補足レシピ179頁）］

フォワグラのマリネ

❶ マリナードの材料を合わせ、よく混ぜる。
❷ フォワグラをガーゼで包み、マリナードを全面にまぶす(Ph.1)。
❸ 袋に入れて真空にかけ、冷蔵庫で2日漬け込む(Ph.2)。

フォワグラのムース

❶ フォワグラのマリネを大小の房の間から開き、太い血管を外す。
❷ ①をキッチンペーパーにのせて厚さ1cmほどになるよう平らにならし、塩、白胡椒をふる。刷毛で日本酒をぬり(Ph.3)、キッチンペーパーで包む。
❸ 袋に入れて真空にかけ(Ph.4)、60℃のウォーターバスで30分加熱する。常温に10分おいて落ち着かせてから氷水に浸けて急冷する。
❹ フォワグラから浮き出て固まった脂を取り除き、細い目のタミで裏漉しする(Ph.5)。
❺ ④をボウルにとり、九分立てにした生クリームを少量加え(Ph.6)、軽く混ぜる。
❻ 全体がなじんできたら残りのクリームを入れ、さらに混ぜる(Ph.7)。ふんわりとしたムース状になったら完成(Ph.8)。

調和｜バターナッツかぼちゃとイクラ

Harmonie | *Butternut et ikura*

淡い味わいのバターナッツをブランマンジェに仕立て、イクラで塩気を、マンダリンオレンジで酸味を添えた。シンプルな見た目ながら、仕込みに3日かかる手の込んだ一品。「現代人の求める旨さの指標である“甘み”と“凝縮感”をあえて省いて構成したのがこの料理です。厨房の若いスタッフが繊細なおいしさを学ぶ機会になればと思い、折にふれて作っています」（ベカ氏）。

［材料］

ブランマンジェのベース

バターナッツ…100g

A
- コンソメ・ド・プーレ…100g
- 昆布だし…100g
- アランチェッロ*…10g
- オレンジの皮…2g
- オレンジ果汁…4g
- 黒胡椒…0.2g

* オレンジの皮を漬け込んだリキュール

バターナッツのロースト

バターナッツ…1個

クレーム・アンフュゼ

牛乳…500g
生クリーム…500g
バターナッツの種*…100g

*「バターナッツのロースト」参照

バターナッツのブランマンジェ

B
- ブランマンジェのベース…100g
- バターナッツのロースト…20g
- クレーム・アンフュゼ…50g

板ゼラチン…1.36g
塩…少量

［つくり方（→補足レシピ180頁）］

ブランマンジェのベース

❶ バターナッツの皮をむき、薄切りにする。Aとともに袋に入れて真空にかけ（Ph.1）、85℃のスチコンで1時間加熱する。
❷ 目の細かいシノワで漉して液体をとる（Ph.2）。

バターナッツのロースト

❶ バターナッツをアルミ箔で包み、250℃のオーブンで1時間15分〜1時間半焼く。果肉をくり抜き（Ph.3）、種は取りおく。
❷ 果肉を裏漉しする（Ph.4）。

クレーム・アンフュゼ

材料を混ぜ合わせる（Ph.5）。袋に入れて真空にかけ、70℃のスチコンで1時間加熱する。目の細かいシノワで漉す。

バターナッツのブランマンジェ

❶ Bを鍋に合わせ（Ph.6, 7）、70℃に温める。塩で味をととのえ、水でもどした板ゼラチンを加え溶かす。
❷ ①を器に流し、冷蔵庫に5〜6時間入れて冷やし固める（Ph.8）。

純粋｜大豆とジロール茸

Pureté | Soja et girolles

フランス・ロアンヌの「トロワグロ」時代に作った凝乳の料理をヒントに、新たに豆腐料理として創作した。乾燥セップの香りを移した豆乳を凝固させた後、ヘーゼルナッツオイルを打ったラップで挟んで保管。ベールのようになめらかな豆腐が醸し出す、静謐とした佇まいが印象的だ。白い豆腐の下には、ジロール、カボチャのピュレ、赤ワインとトリュフのソースなどが隠されている。

［材料］

豆乳…500g
セップ（乾燥）…25g
にがり[*1]…豆乳の重量の3%
ヘーゼルナッツオイル
ブイヨン・ド・シャンピニョン[*2]…各適量

＊1 にがりの分量は豆乳の濃度によって、2.5～3%の間で調整する
＊2 乾燥セップと水を真空にかけ、85℃で3時間加熱したもの

［つくり方（→補足レシピ180頁）］

❶ 豆乳とセップを袋に入れて真空にかけ、40℃のウォータバスで20分温めて香りを移す。漉す。
❷ 冷たい状態の①ににがりを加え混ぜる（Ph.1）。
❸ 1人分45gの②を、パイ皿に厚さ1mmほどになるように流す（Ph.2）。ラップをかけて（Ph.3）、71℃のスチコンで15分蒸す。
❹ 台にセロファンを敷き、ヘーゼルナッツオイルをぬる（Ph.4）。
❺ ③の豆腐が固まったら直径10cmのセルクルで抜き（Ph.5）、形が崩れないように注意して④の上に置く（Ph.6）。上からブイヨン・ド・シャンピニョンで湿らせたキッチンペーパーをかぶせ、冷蔵庫で保管する（Ph.7, 8）。
❻ 提供前に90℃のスチコンで30秒蒸す。

伝統｜羊乳とウニ

Tradition | Lait de brebis et oursin

ミルクに酵素を加えて固める凝乳（カード）は、フランス時代から使い続けるなじみ深い素材。ここでは、春先に新鮮な草を食む北海道産の羊の乳で、「冬の終わりと春の訪れ」を表現した。羊乳はクセが強く日本では好まれないことも多いため、コクのあるウニや甘酸っぱい金柑のコンフィをトッピング。オレンジオイルを流し、口内ですべてのパーツが調和する仕立てとした。

［**材料**］

凝乳のベース
- 羊乳…700g
- 牛乳…300g
- 生クリーム（乳脂肪分35%）…350g

クレーム・ドゥーブル…100g
フロマージュ・ブラン…50g
レンネット…15g

［**つくり方**（→補足レシピ181頁）］

❶ 凝乳のベースの材料を合わせ、スタンドミキサーで45分撹拌する。使用する前に常温にもどしておく（Ph.1）。
❷ クレーム・ドゥーブルを加えて低速で撹拌する（Ph.2）。フロマージュ・ブランを加え、さらに15分撹拌する（Ph.3）。
❸ ②を漉してボウルに移し（Ph.4）、レンネットを加え混ぜる。
❹ 型に流し、ラップをかける。結露しないよう空気穴を開けて、34.2℃のウォーターバスで1時間加熱する（Ph.5, 6）。

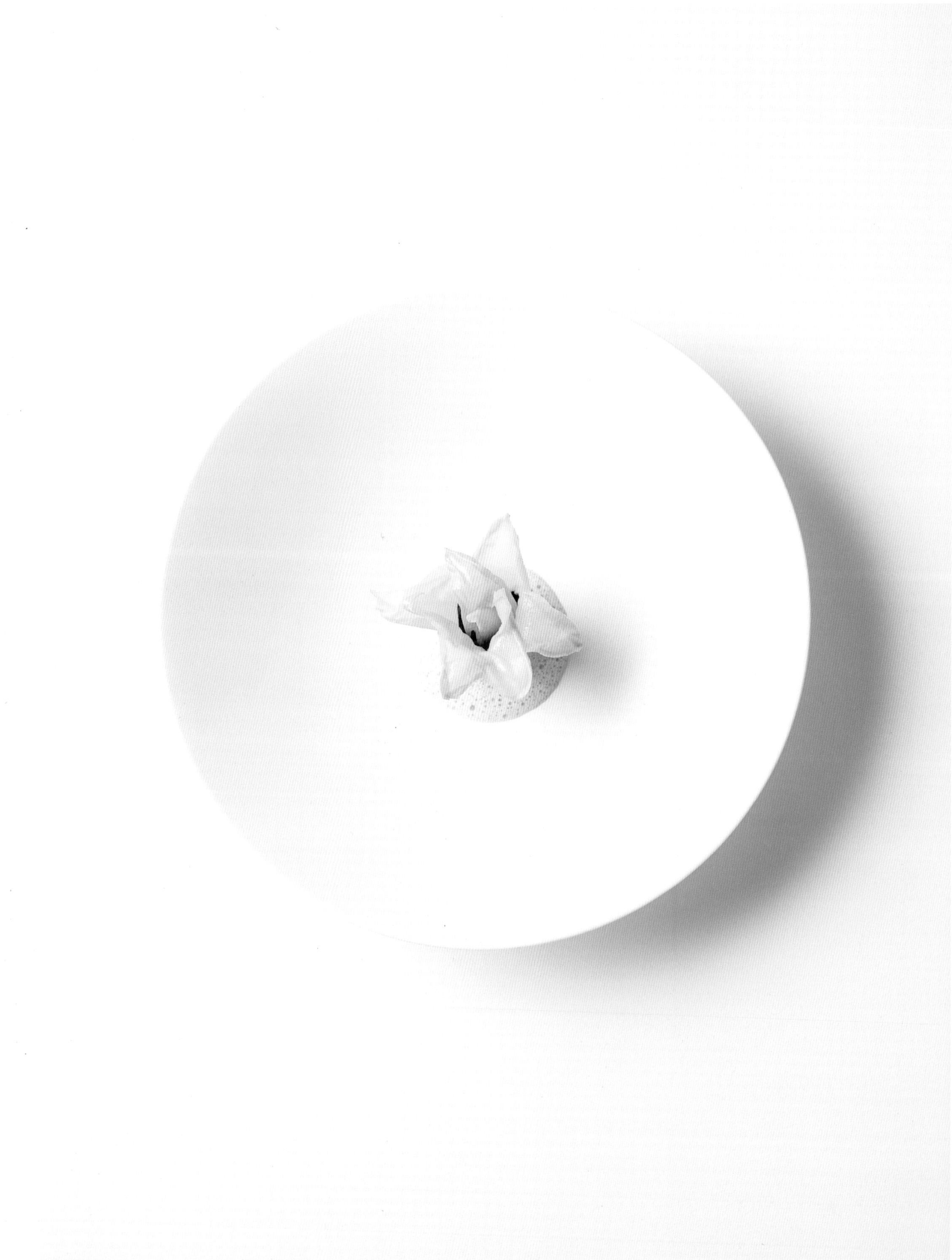

寓話｜アンディーヴとふきのとう

Allégorie | Endive et fukinoto

アンディーヴの持つ苦みに着目し、同じく苦みが特徴のフキノトウのペーストを合わせた。歯ごたえが残るように加熱したアンディーヴの萼を1枚ずつばらし、咲き誇る花の形に組み立て直した華麗な一品には、「伝統的に調理法がサラダかブレゼくらいしかなく、食材として広がりがないと思われがちなアンディーブの価値を高めたい」というベカ氏の思いが込められている。

［材料］

アンディーヴ…10個
マリナード（150gを使用）
- レモン汁…300g
- オリーブオイル…600g
- ノワゼットオイル…300g
- 塩…60g
- アスコルビン酸…30g

フキノトウのペースト（→181頁）
鴨の皮のパウダー（→181頁）
トリュフ…各適量

［つくり方（→補足レシピ181頁）］

❶ アンディーヴとマリナードを袋に入れて真空にかける（Ph.1）。90℃のスチコンで30～35分加熱する。
❷ 袋のまま15分ほど常温におき、粗熱をとる。氷水にあてて急冷する。
❸ 再度真空にかけて味をしみこませ、袋から取り出す（Ph.2）。
❹ アンディーヴの萼を1枚ずつにばらす（Ph.3）。大きな萼は中心部分のふくらんだ箇所を包丁で削ぎ、厚みを均等にする（Ph.4）。
❺ 台にラップを敷き、④を8枚ほど、それぞれ端が重なるように並べ、手前側にアンディーヴの芯を置く（Ph.5）。塩をふる（Ph.6）。
❻ フキノトウのペースト、鴨の皮のパウダー、きざんだトリュフを直線上に置き、ラップを使って手前から巻き込む（Ph.7）。
❼ 開いたときに元のアンディーヴ型になるよう形をととのえ（Ph.8）、提供直前にスチコンで温める。

活気｜ホワイトアスパラガスと鯖

Vivacité | Asperge blanche et maquereau

レモングラスが香る鶏だしで火入れしたホワイトアスパラガスを、「温製より気品があり、官能的」（ベカ氏）な冷製で提供する。上にかぶせたサバのマリネは、伝統的な「サバのワイン煮」を甲州種のワインやシェリー、ブラッドオレンジなどさまざまな酸味を重ねたマリナードで再構築したもの。このサバをソース代わりに、シャキシャキしたホワイトアスパラガスを味わってもらう。

［材料］

ホワイトアスパラガス

ホワイトアスパラガス…10本

塩…アスパラガスの重量の0.8%

レモングラス風味の鶏だし*…15g

オリーブオイル、ゲランドの塩、馬告…各適量

＊鶏だしにレモングラスとショウガを浸けて香りを移したもの

サバのマリネ

サバ…2尾

塩…サバの重量の1.2%

マリナード（→181頁）…800g

［つくり方（→補足レシピ181頁）］

ホワイトアスパラガス

❶ ホワイトアスパラガスの軸を落とし、皮をむく。塩をふり、常温に15分おく。水分をふき取る。

❷ ①とレモングラス風味の鶏だしを袋に入れて真空にかける（Ph.1）。63℃のウォーターバスで15〜20分加熱する。

❸ 袋ごと氷水に落として急冷する。袋から出して水気をきる（Ph.2）。

❹ 一口大に切り（Ph.3）、提供前にオリーブオイルをまぶす。ゲランドの塩、馬告をふる。

サバのマリネ

❶ サバを三枚におろし、小骨を抜く。皮目に包丁目を入れる。身側に塩をふってしばらくおき（Ph.4）、出てきた水分をふき取る。

❷ 袋に①とマリナードを入れて真空にかけ（Ph.5）、2時間マリネする。

❸ ②を40℃のウォーターバスで30分加熱する。サバを袋から出して粗熱をとる（Ph.6）。

❹ サバを背側と腹側に切り分け、それぞれ薄切りにする（Ph.7, 8）。

食感 | グリーンアスパラガスとブッラータ

Texture | Asperge vert et burrata

「野菜のクロロフィルを壊すことなく加熱できる理想的な温度」とベカ氏が考える、63℃でグリーンアスパラガスをコンフィに。ブッラータチーズをハマグリのジュでのばしたソースをラケし、ショーフロワ風の仕立てにした。付合せは、ハマグリの殻に盛り込んだ春の貝類とノイリーのジュレ。隠し味に加えた梅干しの酸味が、グリーンアスパラガスの青っぽさを一層引き立てる。

［材料］

グリーンアスパラガス

グリーンアスパラガス…10本
アニス塩…アスパラガスの重量の0.5%
オリーブオイル…適量

ブッラータのソース

ブッラータ…600g
レモンオイル…10g
サワークリーム…15g

仕上げ

ブッラータのソース
ハマグリのジュ*…各適量
グリーンアスパラガス…1本
ハマグリ、本ミル貝、ノイリーのジュレなど
(→182頁)…適量

*ハマグリを加熱した際に出た水分を取りおいたもの

［つくり方（→補足レシピ182頁）］

グリーンアスパラガス

❶ グリーンアスパラガスの皮をむき、アニス塩をふって軽くすりこむ(Ph.1)。そのまま15～20分おき、水気をふきとる(Ph.2)。
❷ ①とオリーブオイルを袋に入れて真空にかけ、63℃のスチコンで15～20分加熱する(Ph.3)。
❸ 氷水に浸けて急冷し(Ph.4)、取りだして長さ18cmに切る。

ブッラータのソース

ブッラータの水気をきり、ミキサーで攪拌する(Ph.5)。レモンオイルとサワークリームを順に加え、さらに攪拌する(Ph.6)。

仕上げ

❶ ブッラータのソースとハマグリのジュを1:1の割合で混ぜ合わせ(Ph.7)、漉す。
❷ グリーンアスパラガスの下半分に①をまとわせる。
❸ ハマグリの殻にハマグリ、本ミル貝などを詰め、ノイリーのジュレをかける。①を流す(Ph.8)。

喜び｜モリーユ茸とヴァン・ジョーヌ

Plaisir | Morille et vin jaune

「フランスでは焼き畑をすると、翌年その場所にモリーユが生えると聞いたことがあります」とベカ氏。そんな記憶をヒントに、モリーユの片面をバーナーで焼き、焦げ香をまとわせた。ヴァン・ジョーヌを煮詰めたソースも付合せの温度卵も、皿の上のすべてはモリーユをおいしく食べるためのパーツ。「原価を気にしなくてもよいなら、ソースにヴァン・ド・パイユを使うと最高です」。

［材料］

モリーユ

モリーユ
バター…各適量
A ┌ ヴァン・ジョーヌ…50g
  │ 鶏のコンソメ…175g
  └ グラス・ド・シャンピニョン…25g

うずらの卵

うずらの卵…適量
マリナード
┌ ヴァン・ジョーヌ…750g
│ 黒にんにくのペースト…80g
│ 砂糖…8g
└ 塩…5g

ソース・ヴァン・ジョーヌ

ソース・ヴァン・ジョーヌのベース（→182頁）…200g
鶏のコンソメ*1…200g
生クリーム*2…400g
発酵バター…40g
ヴァン・ジョーヌ…10g
塩、白胡椒…各適量

*1 1/3量になるまで煮詰めたもの
*2 1/2量になるまで煮詰めたもの

［つくり方（→補足レシピ182頁）］

モリーユ

❶ モリーユを水で洗い、乾かしておく。バットに並べ、上面が軽く焦げる程度にバーナーで炙り焼きにする（Ph.1）。
❷ 鍋にバターを熱し、①のモリーユをソテーする（Ph.2）。Aを混ぜ合わせた液体を少量ずつ注ぎ、デグラッセする（Ph.3, 4）。

うずらの卵

❶ マリナードをつくる。ヴァン・ジョーヌを1/3量まで煮詰め、その他の材料を加え混ぜる。
❷ 常温にもどしたうずらの卵を68.7℃の湯で7分加熱し、殻をむく（Ph.5）。①に浸け、1日おく（Ph.6）

ソース・ヴァン・ジョーヌ

❶ ソース・ヴァン・ジョーヌのベースと鶏のコンソメを合わせて（Ph.7）、半量になるまで煮詰める。
❷ 生クリームと発酵バターを加えてモンテする。塩と白胡椒で味をととのえ、ヴァン・ジョーヌで香りづけする（Ph.8）。

韻｜車海老とトレヴィス

Rimes | Kuruma ebi et trévise

車海老は「女性的で、アグレッシブで、パンチがあり、大好きな素材」とベカ氏。その車海老の甘みやフローラルな香りを引き立てるのが、北イタリア伝統の味である「アグロドルチェ（甘酸っぱい）」に仕立てたトレヴィス。白板昆布で締めてから複数のヴィネガーやスパイスを合わせたマリナードに漬けたもので、「トレヴィスがなければこの料理が成り立たない」という重要なパーツだ。

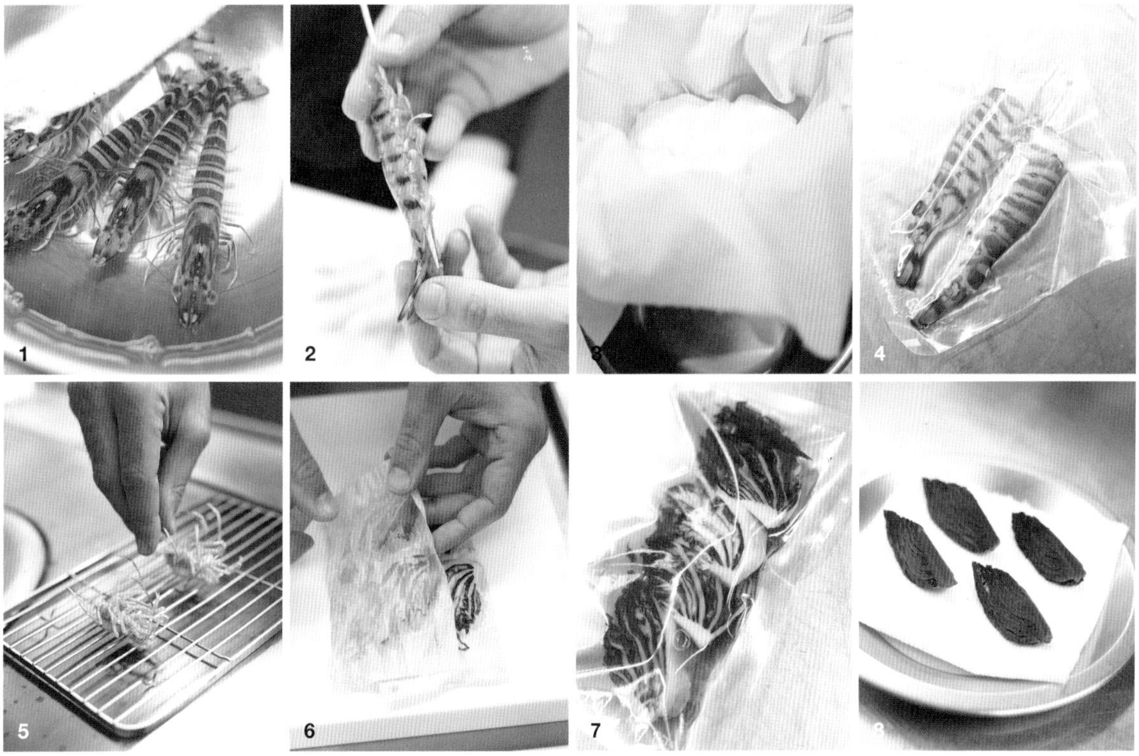

［材料］

車海老

車海老…8尾
乳清…200g
塩…2g

トレヴィス

トレヴィス…1個
マリナード
A
- シードルヴィネガー…150g
- フランボワーズヴィネガー…400g
- 白バルサミコ酢…200g
- ザクロシロップ…75g
- はちみつ…300g
- 玉ねぎ（薄切り）…300g

B
- スターアニス…30g
- クローヴ…20個
- 白胡椒…20粒
- シナモンスティック…30g

白板昆布
オリーブオイル
フュメ・ド・ポワソン…各適量

［つくり方（→補足レシピ183頁）］

車海老

❶ 活けの車海老（Ph.1）の頭を外し、背わたを取る。頭は取りおく。
❷ ①の車海老の腹側に竹串を打つ（Ph.2）。
❸ ガーゼを敷いたザルにヨーグルトを入れて静置し、乳清を漉しとる（Ph.3）。
❹ 車海老、乳清、塩を袋に入れて真空にかける（Ph.4）。88℃のスチコンで20分加熱し、急冷する。提供前に殻をむく。
❺ 頭は200℃の油で揚げた後、網にのせてプラックで熱し（Ph.5）、油をきる。

トレヴィス

❶ マリナードをつくる。Aを鍋に合わせて沸かす。アクを取りながら5分加熱し、Bを加え、弱火で45分加熱する。そのまま1日おいて漉す。
❷ トレヴィスを四等分し、白板昆布で挟んで2時間おく（Ph.6）。
❸ 白板昆布を外した②を袋に入れ、①のマリナードを注いで真空にかける（Ph.7）。88℃のスチコンで20分熱し、急冷する。
❹ ③のトレヴィスを取り出し（Ph.8）、オリーブオイルを熱したフライパンでポワレする。フュメ・ド・ポワソンを加えてデグラッセする。

欲求｜豚足と貝

Envies | Pied de cochon et coquillage

豚足と赤貝——意外に思える組合せだが、「伝統料理に牡蠣と馬肉の組合せがあるように、ミネラル感のある赤貝と、コクのある肉や内臓類は出合うべくして出合った素材同士」とベカ氏。ソースとして流した「酒粕汁」は、シジミのだしと豚足の煮汁を合わせ、少量の酒粕を加えたもの。複数の旨みを重ねた包容力のある味わいで、個性の強い2つの素材をまとめる役割を果たす。

［材料］

豚足のブイヨン

豚足…6本
ホワイトセロリ…400g
ニンジン…300g
玉ねぎ…250g
トマト…大2個
白ワイン…500g
干し椎茸…25g
昆布…20g
水…適量

シジミのブイヨン

シジミ…1kg
鶏だし…1ℓ

酒粕汁

A
- 豚足のブイヨン…30g
- シジミのブイヨン…30g
- 豆乳…7g
- 酒粕…3g
- 発酵バター…5g
- シェリーヴィネガー…0.8g

塩、胡椒…各適量

［つくり方（→補足レシピ183頁）］

豚足のブイヨン

❶ 豚足を掃除し、野菜類は適宜の大きさに切る。
❷ 寸胴鍋にすべての材料を入れ、ひたひたの水を注いで火にかける。沸いたらアクを取り、落し蓋をして3時間煮る。
❸ 1時間常温において冷まし、豚足を取り出す（Ph.1）。
❹ 煮汁を漉して1/4量になるまで煮詰める。再度、漉す（Ph.2）。

シジミのブイヨン

❶ シジミを洗い、鶏だしとともに鍋に入れ、火にかける（Ph.3）。沸いたらアクを取る（Ph.4）。
❷ 紙漉しする（Ph.5）。

酒粕汁

❶ Aの材料をすべてを鍋に合わせ（Ph.6, 7）、火にかける。
❷ 泡立て器で混ぜながら沸かし（Ph.8）、塩と胡椒で味をととのえる。

直観｜ホタテとロックフォール

Intuition | Saint-Jacques et roquefort

伝統的なフランス料理では、ホタテはデリケートな味わいを引き出す調理法が多い。しかし「ある時、新宿の居酒屋でホタテの炉端焼きを食べて革命的にイメージが変わった」というベカ氏は、その男性的な一面にフォーカス。酒粕、ロックフォール、セップを合わせた濃厚なだしで加熱し、仕上げにジンジャーバターで表面を香ばしく焼いて、荒々しい"居酒屋風"の仕立てとした。

［材料］

ホタテ(活けのもの)…10個
煮汁のベース(900gを使用)
- 酒…1ℓ
- 酒粕…70g
- ロックフォール…15g
- 乾燥セップ…15g

昆布だし…500g
鶏のコンソメ…500g
ジンジャーバター*
塩…各適量

*きざんだショウガを練り込んだバター

［つくり方(→補足レシピ183頁)］

❶ 煮汁のベースをつくる。酒、酒粕、ロックフォールを合わせてハンドミキサーで混ぜる(Ph.1)。
❷ ①を鍋に入れ、乾燥セップを加えて弱火で80℃になるまで熱する。シノワで漉す。
❸ ②、昆布だし、鶏のコンソメを合わせて混ぜる。
❹ ホタテの殻をよく洗い、殻の合わせ目にアルミ箔を巻いて加熱中に殻が開かないようにする(Ph.2)。
❺ 袋にホタテを入れ、③の液体を注ぐ(Ph.3)。真空にかけて52℃のウォーターバスで30分加熱する。
❻ ⑤のホタテの殻を開き、貝柱とヒモを取り出す(Ph.4)。ヒモは水洗いし、殻に溜まったジュは取りおく。
❼ テフロン加工のフライパンでヒモをソテーする(Ph.5)。取りおいたジュを注ぎ、軽く煮詰める(Ph.6)。漉してホタテのブイヨンとする(仕上げで使用)。
❽ テフロン加工のフライパンでホタテの貝柱をポワレする(Ph.7)。軽く焼き目がついたらいったん取り出し、同じフライパンでジンジャーバターを熱する。焦がしバターになったら貝柱を戻し入れ、アロゼしながら焼く(Ph.8)。塩で味をととのえる。

儚さ | イカと山菜

Éphémère | Calamar et Sansaï

子持ちのシロイカのソテーと、フキノトウのペーストで和えたコゴミ、タラの芽、ワラビなど山菜の組合せ。イカのだしがベースのソースには生のタラコを溶かしてコクを加え、リモンチェッロでキレを出す。水墨画のような模様は、釣り上げられたイカが最後に吐き出すスミからイメージしたもので、「イカは死に、もう戻ってこないという思いが込められています」(ベカ氏)。

［材料］

イカのソース

イカのブイヨン[*1]…300g
ブイヨン・ド・レギューム[*2]…100g
タラコ…30g
バター…300g
サワークリーム…50g
リモンチェッロ…12g
トレハロース…6g
塩、白胡椒…各適量

*1 2/3量になるまで煮詰めたもの
*2 1/2量になるまで煮詰めたもの

山菜

コゴミ、タラの芽、ワラビ
昆布だし(塩分濃度0.8%)
ブイヨン・ド・レギューム[*2]
…各適量
山菜のシュック
　フキノトウ…25個
　マリナード
　　白バルサミコ酢…180g
　　酒…100g
　　刺身醤油…35g
　　水…70g
　　トレハロース…5g
　バター
　オレンジペースト…各適量

［つくり方(→補足レシピ184頁)］

イカのソース

❶ イカのブイヨンとブイヨン・ド・レギュームを合わせ、タラコを加える(Ph.1)。タラコをつぶしながら加熱して味を移し、漉す(Ph.2)。
❷ ①を再び鍋に移し、バターを加える(Ph.3)。火にかけ、混ぜながら濃度がつくまで煮詰める。サワークリームを加え混ぜる。
❸ リモンチェッロとトレハロースを加え(Ph.4)、塩と白胡椒をふる。

山菜

❶ 山菜のシュックをつくる。マリナードの材料を合わせ、ひと煮立ちさせてから冷ます。180℃の油で揚げてから油をきったフキノトウを、マリナードに1日漬け込む(Ph.5)。
❷ ①のフキノトウの水気をきり、ミキサーにかける。バター、オレンジペーストを合わせて混ぜ、山菜のシュックとする(Ph.6)。
❸ 昆布だしでゆで、色止めしてから冷たい昆布だしに浸けておいた山菜類をソテーする(Ph.7)。山菜のシュックとブイヨン・ド・レギュームを加えて和える(Ph.8)。

再生｜サヨリと菜の花

Regain | Sayori et nanohana

日本料理や鮨の食材というイメージが強いサヨリを、フランス料理の技法で生かそうと試みた一品。「カンヌキ」と呼ばれる大型のサヨリより一回り小さい20～25cmサイズを使用し、素材に手を加えることで価値を生み出すフランス料理の哲学を実践。加熱前に皮目にセロリオイルをぬり、5～10分おくのがポイントで、これにより脂が浮き出て身が引き締まり、味が格段によくなる。

1

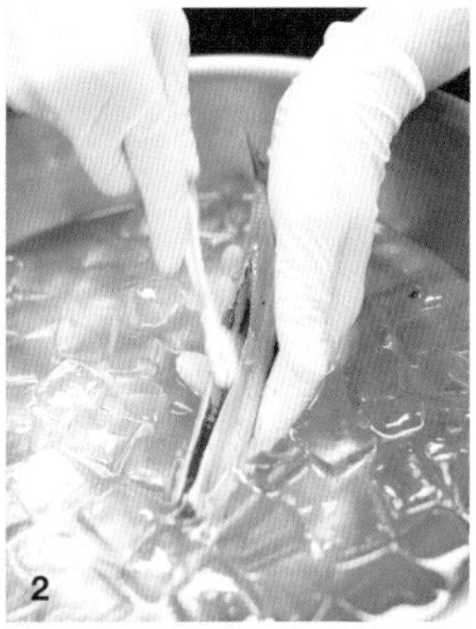
2

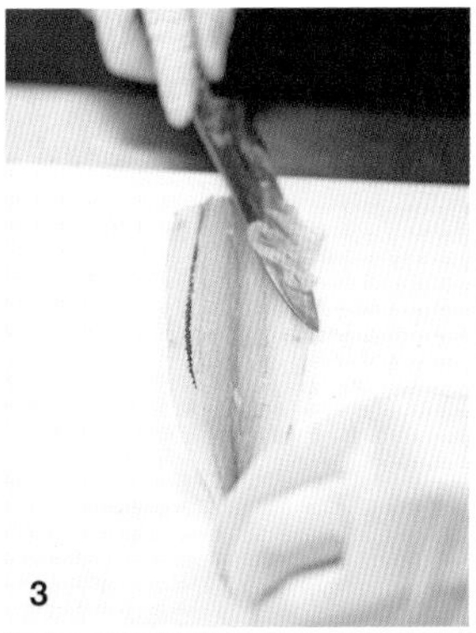
3

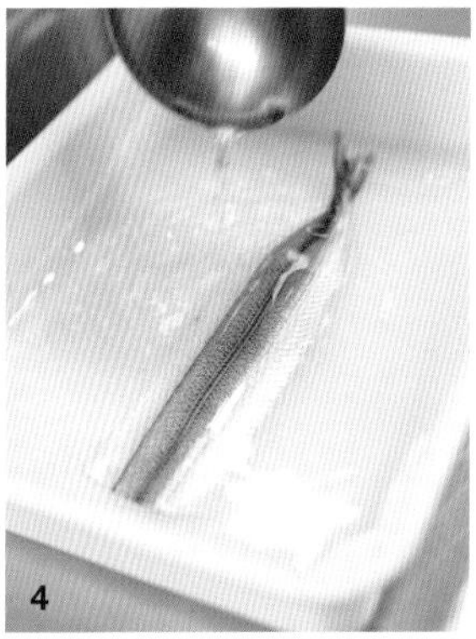
4

5

6

7

8

［材料］

サヨリ…10尾
サヨリのマリナード
- 昆布だし…500g
- トマトウォーター…250g
- 砂糖…26g
- 塩…52g

セロリオイル…適量

［つくり方（→補足レシピ184頁）］

❶ 体長20～25cmほどのサヨリを用意し（Ph.1）、頭を落として内臓を抜く。氷水ですすぎながら、腹の中の黒い膜を歯ブラシでこすって落とす（Ph.2）。
❷ 身を開いて中骨を取り、腹骨も切り取る（Ph.3）。
❸ マリナードの材料を合わせる。②を浸けて15分おき（Ph.4）、取り出す。水気をふきとる。
❹ サヨリの身を縦に二等分する（Ph.5）。その際、両方の身に尾が残るようにする。
❺ 網を渡したバットにサヨリを置き、皮面にセロリオイルをぬる（Ph.6）。そのまま5分おく。
❻ サラマンドルで20秒加熱してから盛りつける（Ph.7, 8）。

獣性｜フォワグラとスッポン

Animalité ｜ Foie gras et Suppon

ベカ氏のスッポン料理への取組みがはじまったのは2年ほど前。それ以前は「おいしさが理解できず、興味を持つまでに10年がかかった」という。スッポンのソテーにクレソンと黒ニンニクのピュレでマリネしたフォワグラを合わせ、澄んだスープを添えた本品は「沼地の水辺の景色」をイメージした構成。ベカ氏がスッポンの特徴と考える、「臭みと透明感」にフォーカスした仕立てだ。

［材料］

すっぽん

下調理したスッポン（→184頁）
オリーブオイル、バター
オニオンパン粉*、クレソンのピュレ
カシューナッツ、塩…各適量

*オニオンパウダーとパン・ド・カンパーニュのパン粉を合わせたもの

フォワグラのマリネ

フォワグラ…1個
マリナード
- 黒ラッキョウのペースト…150g
- 黒ニンニクのペースト…50g
- エゴマのペースト…70g
- ヴェルジュ…15g
- 塩…5g

［つくり方（→補足レシピ184頁）］

すっぽん

❶ 下調理したスッポンのエンペラを一口大に切り、肉は7mm角にきざむ。
❷ オリーブオイルを敷いたフライパンを熱し、エンペラを入れて強火で焼きつける（Ph.1）。香ばしい香りが立ったら肉を加え、さらに焼く（Ph.2）。
❸ 冷たいバターを少量加え、バターが溶けたらオニオンパン粉を加える（Ph.3）。塩で味をととのえる。
❹ ボウルに③、クレソンのピュレ、ローストして砕いたカシューナッツを合わせ、和える（Ph.4）。

フォワグラ

❶ マリナードの材料をすべて混ぜ合わせる（Ph.5）。
❷ オーブンペーパーに①をぬり、厚さ1.5cmに切ったフォワグラをのせて包む（Ph.6）。
❸ ②を袋に入れて軽めに真空にかけ、2日間マリネする（Ph.7）。60℃のウォーターバスで30分加熱してから、マリナードをふき取る（Ph.8）。

Ⅱ/

KEN KUDO

Maison Lafite

自然豊かな福岡県那珂川市に、
工藤 健氏が店を開いたのは2008年。
以来10年あまり、絶えず地元の食材を探求し、
生産者との絆を深め、料理を洗練させてきた。
時流におもねることなく、しかし柔軟な工藤氏のスタイルは、
全国からお客が訪れるようになった今も
変わらず飄々として軽やかだ。

パプリカのコンソメ

温泉の熱を利用して栽培する「温泉パプリカ」。肉厚でエキス分たっぷりのこのパプリカで「一番だしのようにクリアなコンソメ」（工藤氏）をとり、冷やしてコース最初の一品に。パプリカはトレハロースをまぶし、浸透圧でしみ出る澄んだ液体をとるのがポイント。赤、黄、オレンジ色のパプリカそれぞれでつくった色の異なるコンソメを、ランダムに提供して色合いを楽しんでもらう。

［材料］

パプリカ
（赤、黄、オレンジ）…各大7個
トレハロース…12g
レモン汁…適量

［つくり方］

❶ パプリカを幅3～4cmに切り（Ph.1）、内側の筋を切り取って平らにならす。
❷ 皮を上にして天板に並べ、遠赤外線ロースター*で皮が真っ黒に焦げるまで焼く（Ph.2, 3）。
❸ ②のパプリカの皮をむき、粗熱をとる（Ph.4, 5）。
❹ ③をざく切りにしてトレハロースとレモン汁をまぶし、袋に入れて真空にかける（Ph.6）。
❺ 75～80℃の蒸し器で1時間半加熱する。ザルにあけて自然に漉す（Ph.7）。
❻ ザルに残ったパプリカ（Ph.8）は、再度真空にかけて1時間半ほど蒸すとコンソメの二番がとれる（今回は一番のみを使用）。

＊遠赤外線の輻射熱を熱源とする、ユー京都社製「電気炭 無煙オーブン」を使用

スナック
カボチャと雲丹、地ビールと馬肉

メゾン・ラフィットではコースの冒頭に、小さなスナックを昼2種、夜4種ほど用意する。紫色のスナックはベニエ生地に馬肉のタルタルとフロマージュ・ブラン、黄色はカボチャ風味の生地にウニの組合せ。ベニエ生地には福岡産の地ビールを使い、カボチャ生地はエスプーマで絞ってから電子レンジで加熱、すの入った独特の食感を出すなど、生地自体の味わいの変化も重視する。

［材料］

カボチャのスナック

カボチャのピュレ*…160g
全卵…250g
ベーキングパウダー…小さじ1
鮎魚醤…8g
米粉…10g
乾燥卵白（アルブミン）…4g

＊皮をむいたカボチャをブイヨン・ド・ヴォライユ、生クリーム、牛乳で柔らかくなるまで煮込み、フードプロセッサーにかけたもの

地ビールのスナック

ビール
（いとしまBEER）…140cc
薄力粉…90g
ドライイースト…8g
塩…3g
砂糖…3g

［つくり方（→補足レシピ185頁）］

カボチャのスナック

❶ すべての材料をボウルに合わせてハンドミキサーでよく撹拌する（Ph.1）。漉してサイフォンに詰める。
❷ 高さ5cmほどの山形の型に絞り入れ（Ph.2）、1000Wの電子レンジで30秒加熱する。型から外して冷ましておく（Ph.3）。
❸ 食品乾燥機に入れてカリカリになるまで乾燥させる。
❹ 縦1.5cm×横2.5cm×高さ1.5cmの大きさに切り、トッピング（→185頁）をする（Ph.4）。

地ビールのスナック

❶ すべての材料を合わせてハンドミキサーでよく撹拌する（Ph.5）。常温に2時間ほどおいて発酵させる。
❷ ①を漉し、サイフォンに詰める。
❸ ティースプーンに生地を絞り（Ph.6）、中温の米油（分量外）に落としてカラリと揚げる（Ph.7）。キッチンペーパーにとって油をきり、トッピング（→185頁）をする（Ph.8）。

モッツァレラ、レモン、青大豆ソース

フレッシュなモッツァレッラを、青大豆のピュレとともに味わう一品。ピュレは青大豆とともに玉ねぎやパンチェッタを煮て、旨みを最大限に高めたもの。淡い緑色から受ける印象よりも濃厚な味わいだ。仕上げ時に加える辛みのあるオリーブオイルと、レモン・コンフィの甘み、酸味で味わいを引き締める。モッツァレッラにはランドクレスの若芽をあしらって完成。

［材料］

<u>青大豆ソース</u>

青大豆…200g
青大豆のもどし汁…800cc
玉ねぎ…1個
パンチェッタ…100g
白ワイン
オリーブオイル
塩…各適量

［つくり方（→補足レシピ186頁）］

<u>青大豆ソース</u>

❶ 青大豆は水に一晩浸けてもどしておく。
❷ 鍋にオリーブオイルを熱し、玉ねぎの薄切りをソテーする。①の青大豆の薄皮をむいて加え、もどし汁をかぶる程度に注ぐ（Ph.1）。余ったもどし汁は取りおく。
❸ パンチェッタをスライスする。フライパンで香ばしく焼き（Ph.2）、②の鍋に加える。
❹ ③のフライパンを白ワインでデグラッセし（Ph.3）、②の鍋に加える（Ph.4）。青大豆が柔らかくなるまで20分ほど煮込む。
❺ 鍋からパンチェッタを取り出し、青大豆と煮汁をミキサーにかける（Ph.5）。シノワで漉してなめらかなピュレにする（Ph.6）。
❻ 取りおいた大豆のもどし汁で⑤のパンチェッタを煮出す（Ph.7）。
❼ ⑤のピュレに⑥の煮汁を加えてのばし、濃度を調整する（Ph.8）。

仔鹿と筍のリエット、ナスタチウム

緑色の器に散りばめられた大小さまざまなナスタチウムの葉。実際に食べるのは葉の裏側を見せている1枚で、鹿のリエット、タケノコ、サワークリームが巻き込んである。しっかりした味わいのファルスと、ナスタチウムの葉の辛みが好相性。褐色のパウダーはゴマ、ヘーゼルナッツ、クミンシードなどをブレンドした中東のスパイス、デュカ。ナッツの香りがジビエとよく合う。

［材料］

仔鹿のリエット

仔鹿の端肉…1kg
塩
胡椒
タイム（パウダー）
ニンニクオイル
オリーブオイル…各適量
玉ねぎ…1個
赤ワイン（フランス・メドック産）
ローリエ
鹿の脂…各適量

仕上げ

ナスタチウムの葉…1枚
サワークリーム
デュカ…各適量

［つくり方（→補足レシピ186頁）］

仔鹿のリエット

❶ 仔鹿の端肉を掃除して、塩、胡椒、タイム、ニンニクオイルをまぶす。バットに入れてラップをかぶせ、3時間マリネする。
❷ オリーブオイルを敷いたフライパンで①の肉をソテーする（Ph.1）。
❸ オリーブオイルを敷いた鍋で玉ねぎのスライスをソテーする。玉ねぎが透き通ったら②を加える。
❹ ②のフライパンを赤ワインでデグラッセし、③に加える（Ph.2）。ひたひたの水を注ぎ、ローリエと鹿の脂を加え、蓋をして弱火で3時間ほど煮込む（Ph.3）。
❺ ④を漉して肉と煮汁に分ける（Ph.4）。煮汁はとろみがつくまで煮詰める（Ph.5）。
❻ ⑤の肉（ローリエは取り除く）と煮汁をフードプロセッサーにかける（Ph.6, 7）。

仕上げ

ナスタチウムの葉にサワークリームをぬり、仔鹿のリエットとトッピング（→186頁）をのせて巻き込む（Ph.8）。デュカをふる。

石鯛、青紫蘇、茄子

苔玉のように見える緑色の玉は、油でじっくりと揚げて水分を抜いた青紫蘇を丸めたもの。サクサクした揚げ紫蘇の下に、塩昆布パウダーと柑橘果汁でマリネしたイシダイの薄切りと、青紫蘇の風味を移したナスのピュレが隠れている。食べる際には全体を混ぜて、多様な食感と風味が織りなす複合的な味わいを楽しんでもらう。「魚はクエに変えてもおいしいです」（工藤氏）。

［材料］

青紫蘇オイル…300cc
- 青紫蘇…約100枚
- 米油…300cc

塩…適量
ナス…2本
フュメ・ド・ポワソン…400cc
鰹だし*…100cc

＊酒と醤油で味をつけたもの

［つくり方（→補足レシピ186頁）］

❶ 青紫蘇オイルをつくる。青紫蘇をせん切りにして、中温の米油で揚げる（Ph.1）。
❷ 紫蘇から出る泡が細かくなってきたら（Ph.2）、キッチンペーパーを敷いたバットにとって油をきり（Ph.3）、塩をふる。
❸ 同じ油で何度かに分けて同様に青紫蘇を揚げる。紫蘇の色と香りが油に移ってきたら、漉す（Ph.4）。
❹ フライパンに③の青紫蘇オイルを多めに注ぎ、火にかける。皮をむき、厚さ1cmに切ったナスを入れて揚げ焼きにする（Ph.5）。
❺ ナスが油を吸い、香ばしい焼き色がついたら面を返し、裏面も同様に焼く。両面に焼き色がついたらザルにとり、油をきる（Ph.6）。
❻ 鍋に⑤のナス、フュメ・ド・ポワソン（解説省略、鰹だしを注ぎ、弱火でくたくたになるまで煮る（Ph.7）。
❼ ⑥をフード・プロセッサーにかけてやや粗めのピュレにする。ボウルに移して氷にあてながら混ぜ、粗熱をとる（Ph.8）。

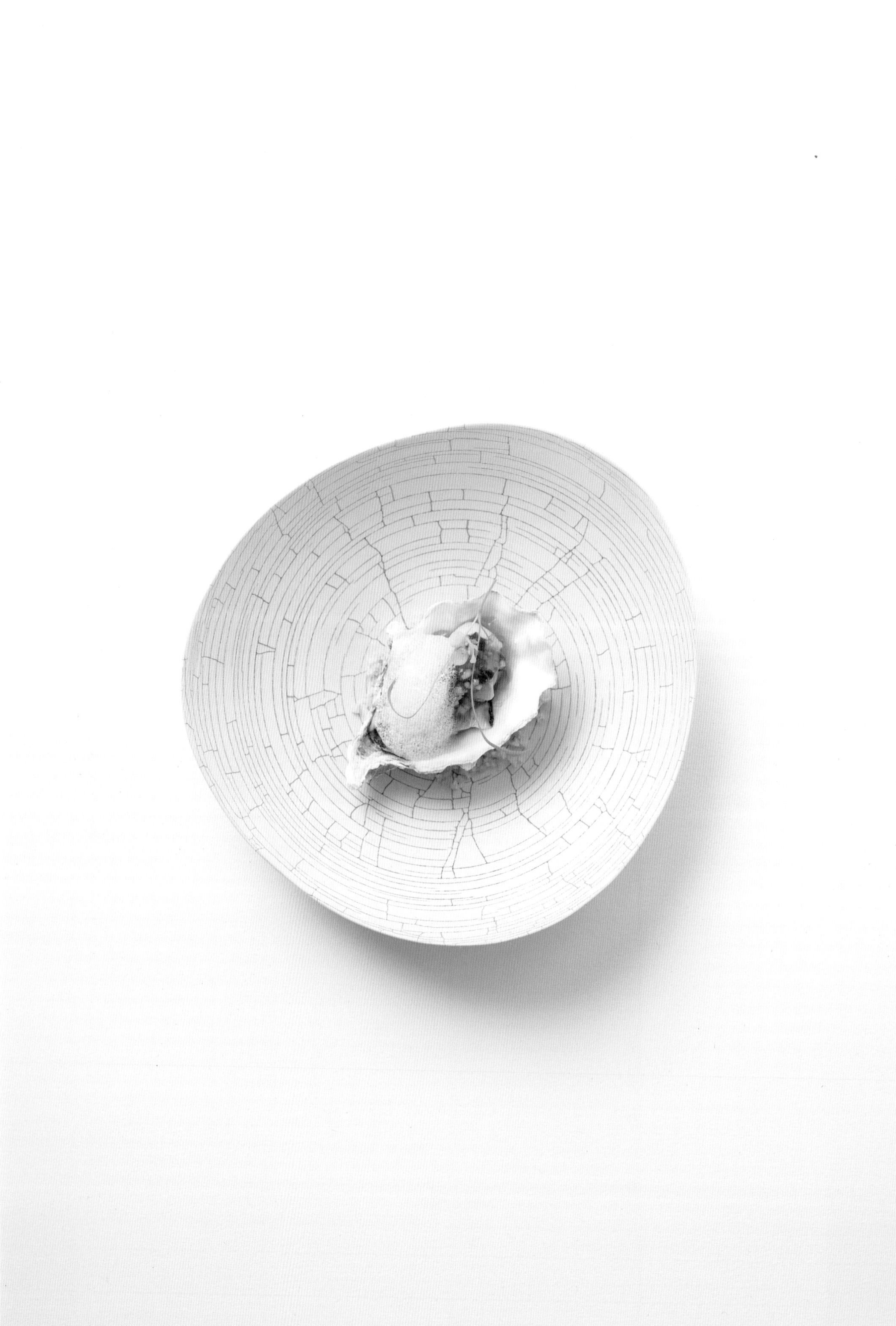

牡蠣、トマト、米酢

牡蠣をドライトマトのもどし汁に浸して蒸し器で加熱。蒸し汁をジュレにして、身とともに殻に盛った。キュウリの小角切りやタスマニアマスタードを合わせ、米酢に鮎魚醤、きび砂糖を加えた泡をのせる。蒸し料理の際はスチコンではなく複数の蒸し器を駆使するのが工藤氏流。「個別に温度調節ができるので小回りがききますし、素材の味が水に流れないなど利点が多いです」。

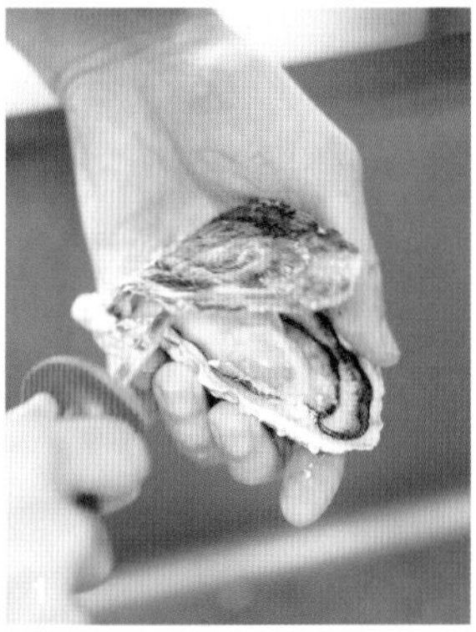

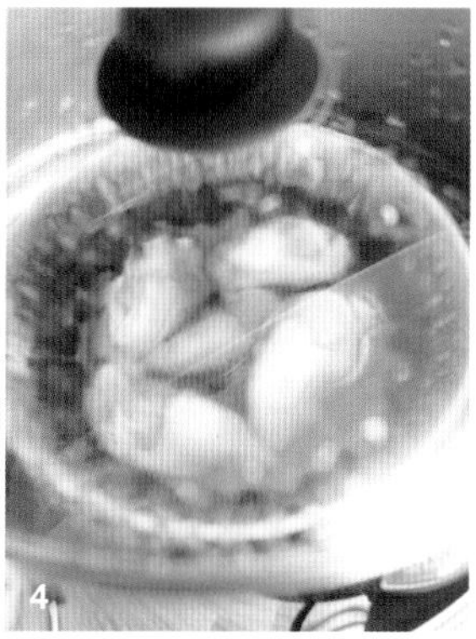

［材料］

蒸し牡蠣

牡蠣…10個
ドライトマト…30g
お湯…300cc

牡蠣のジュレ

「蒸し牡蠣」の蒸し汁…300cc
レモン汁…適量
板ゼラチン…3g

［つくり方（→補足レシピ187頁）］

蒸し牡蠣

❶ 牡蠣の身を殻からはずし（Ph.1）、水洗いして掃除する。水気をきる。
❷ ドライトマトをきざみ、80℃程度のお湯に浸けてもどす（Ph.2）。
❸ ボウルに牡蠣を入れ、②のもどし汁を漉しながら注ぐ（Ph.3）。
❹ 50℃の蒸し器で45分間蒸す（Ph.4）。蒸し上がったらボウルを氷にあてて急冷する（Ph.5）。

牡蠣のジュレ

❶ 牡蠣の蒸し汁を漉し、レモン汁を加える（Ph.6）。水でもどした板ゼラチンを加え、温めて溶かす。
❷ 漉してボウルごと氷にあて、ゆるめに固める（Ph.7, 8）。

地蛸、ラルド、パプリカ

鰹だしに浸して蒸した柔らかなタコをパルミジャーノ風味のドレッシングで和え、ラルドやトマト、ゆでてから素揚げした島原洋麺とともに盛り込んだ。タコは下処理が肝心で、湯通しした後に氷水に浸けてぬめりを凝固させ、もみ洗いせずに汚れを取りきるのが皮をきれいに残すコツ。蒸す前に針打ちするのは、加熱中に皮が破裂してはがれるのを防ぐための工夫だ。

［**材料**］

マダコ…1杯
鰹だし*…適量

＊酒と醤油で味をつけたもの

［**つくり方**（→補足レシピ187頁）］

❶ マダコは事前に冷凍したものを、流水にさらして解凍しておく（Ph.1）。
❷ 熱湯で湯通しする（Ph.2）。白いぬめりが浮き出てきたら取り出し、氷水に浸ける（Ph.3）。ぬめりが凝固するので皮を傷つけないように注意して取り除く。
❸ 下ゆでした足を1本ずつに分け（Ph.4）、全体にまんべんなく金串を刺して小さな穴をあける（Ph.5）。
❹ ボウルに③のマダコと90℃に熱した鰹だしを注ぎ（Ph.6）、90℃の蒸し器で1時間半蒸す（Ph.7）。
❺ マダコが柔らかくなったら完成（Ph.8）。蒸し汁に浸けて保管する。

蛤、バナナ、パッションフルーツ

バナナの葉にのせたガラス器に、福岡産ハマグリと鹿児島産「神バナナ」を合わせた一品を盛った。意外な組合せにも思えるが、「皮ごと食べられるタイプのバナナで、旨みが強いため貝類と合わせやすい」と工藤氏。クリームで煮たハマグリのコクと発酵バターでソテーしたバナナの甘みを、煮詰めたパッションフルーツの甘酸っぱさがつなぎ、予想を裏切る相性のよさを見せる。

［材料］

ハマグリのソテー

ハマグリ…20個
ハマグリのだし[*1]…1ℓ
生クリーム…150cc
発酵バター
レモン汁…各適量

バナナのソテー

バナナ（神バナナ[*2]）…1本
発酵バター
パッションフルーツのピュレ…各適量

＊1 ハマグリの蒸し汁を注ぎ足しながら保管したもの
＊2 鹿児島県で無農薬で生産されるバナナのブランド。皮ごと食べることもできる

［つくり方 （→補足レシピ187頁）］

ハマグリのソテー

❶ 砂抜きしたハマグリを50℃の塩湯に浸けて、殻を開かせる（Ph.1）。砂が抜けたら身を取り出し、掃除する（Ph.2）。
❷ ハマグリのだしに生クリームを加えて沸かす。アクを除き、弱火にして、ハマグリを3分間ポシェする（Ph.2）。
❸ ハマグリを取り出し、バットにあけて粗熱をとる（Ph.4）。
❹ フライパンに発酵バターを熱し、ブール・ノワゼットにする。③のハマグリを軽くソテーし（Ph.5）、レモン汁でデグラッセする。

バナナのソテー

❶ バナナの皮をむき、一口大に切る（Ph.6）。
❷ フライパンに発酵バターを熱し、ブール・ノワゼットにする。①のバナナを強火でソテーする（Ph.7）。
❸ バナナがカラメリゼされたら取り出し、パッションフルーツのピュレを煮詰めたもので和える（Ph.8）。

烏賊、ビーツ、ケール

皿一面の赤色の正体はビーツとアオリイカ。細切りにしたビーツをドレッシングで和えて色を移し、そこに同じく細切りにしたアオリイカを加えて混ぜる。するとビーツの色にイカがそまり、皿全体が濃い赤色に統一されるという仕組みだ。生のビーツのシャキシャキ感が、イカのねっとりとした甘さを引き立て、仕上げに散らした乾燥ビーツの香ばしさが味わいに奥行きを生む。

［材料］

ビーツのチップス

ビーツ…1個

烏賊とビーツ

ビーツ…1個
ドレッシング（→188頁）…適量
アオリイカ…1杯

［つくり方（→補足レシピ188頁）］

ビーツのチップス

❶ ビーツの皮をむき、スライサーでごく薄くスライスする（Ph.1, 2）。
❷ ①を半月形に切り、オーブンペーパーを敷いた天板に並べる（Ph.3）。食品乾燥機でパリパリになるまで乾燥させる（Ph.4）。

烏賊とビーツ

❶ ビーツの皮をむき、2mm幅のせん切りにする（Ph.5）。
❷ ①にドレッシングをかけ、軽く混ぜる（Ph6）。赤い色がドレッシングに移ったらビーツを取り出す。
❸ ボウルに残ったドレッシングを泡立て器で混ぜて再度乳化させる（Ph.7）。
❹ アオリイカを掃除し、細かな包丁目を入れ、5mm幅の細切りにする（Ph.8）。③のドレッシングで和える。

鮑、肝のサバイヨン、ハーブオイル

蒸しアワビと、貝のブイヨンで仕立てたサバイヨンの組合せ。一見するとトラディショナルな仕立てだが、サバイヨンに加えた「肝の醤油漬け」が味の決め手だ。蒸しアワビの肝を醤油とミリンの漬け汁に1週間以上漬け込んだもので、これによってサバイヨンに深いコクと旨みが生まれる。ワサビの花と葉でピリッとした辛みを、ハーブオイルで青い香りを添えてキレよく仕上げる。

1

2

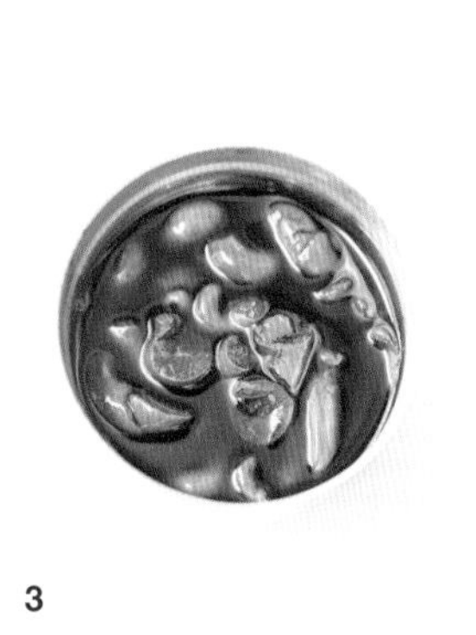
3

4

5

6

7

8

［材料］

蒸し鮑

黒アワビ…4個
醤油…100cc
ミリン…100cc

肝のサバイヨン

貝のブイヨン*…75cc
卵黄…75g
バター…75g
レモン汁…適量
アワビの肝の醤油漬け…適量

*アサリやハマグリの蒸し汁を注ぎ足しながら保管したもの

［つくり方（→補足レシピ188頁）］

蒸し鮑

❶ 黒アワビを50℃の湯で洗い、汚れをとる。
❷ 62℃の蒸し器に入れ、40分間蒸す（Ph.1）。
❸ 殻から身をはずして掃除し、身と肝に分ける（Ph.2）。
❹ 肝は醤油とミリンを合わせた液体に漬けて冷蔵庫で1週間以上ねかせる（Ph.3）。
❺ 身は一口大に切る（Ph.4）。

肝のサバイヨン

❶ 貝のブイヨン、卵黄、溶かしバターをボウルに合わせ（Ph.5）、湯煎にかけて泡立て器で混ぜる。もったりしたらレモン汁を加え、シノワで漉す（Ph.6）。
❷ アワビの肝の醤油漬けを裏漉しして①に加え混ぜる（Ph.7, 8）。

蟹、米、椎茸

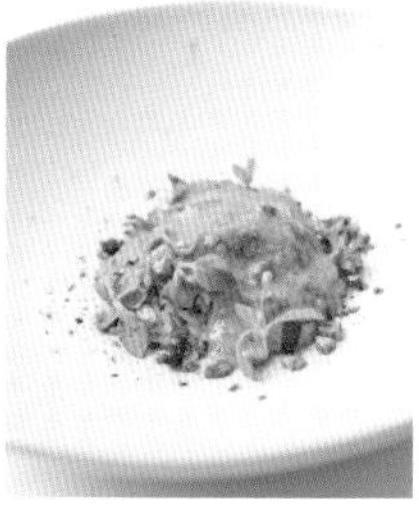

コースに米料理やパスタを組み込んで「落ち着きどころ」をつくることが多い、という工藤氏。本品のコンセプトは工藤氏流の「蟹ご飯」で、蒸したワタリガニ、甲殻類のだしで炊いた米、カリカリの黒大豆を合わせ、濃度のある椎茸のソースを客前でかけて仕上げる。米は佐賀県産の長粒米ホシユタカを使用。一般的な日本米よりもあっさりと食べられ、濃厚なソースに合わせやすい。

［材料］

ワタリガニ…1杯
米（ホシユタカ）…300g
甲殻類のコンソメ*…430cc
バター…適量
ソース
- 原木椎茸
- バター
- 甲殻類のコンソメ
- 生クリーム
- 塩…各適量

煎り大豆
ハコベ…各適量

*オマール、アカエビ、ヨシエビなどでとったコンソメ

［つくり方］

❶ ワタリガニを95℃の蒸し器で20分ほど蒸す（Ph.1）。
❷ ①をさばいて足肉、外子、ミソを取り分ける（Ph.2, 3）。
❸ 甲殻類のコンソメで米を炊く（Ph.4）。炊けたらバターをまぶし、バットにあけて粗熱をとる（Ph.5）。
❹ ソースを作る。原木椎茸をスライスし、バターを熱した鍋でソテーする（Ph.6）。甲殻類のコンソメと生クリームを加え（Ph.7）、キノコの旨みが煮汁に移るまで煮込む。塩で味をととのえる。
❺ ④をミキサーにかけて（Ph.8）、漉す。
❻ 皿に②と③を盛り、煎り大豆とハコベを散らす。ソースを別添えする。

鮎のタリオリーニ

鮎だしで和えた冷製のタリオリーニ。鮎だしは頭、中骨、ヒレを焼いて水で煮出したもので、オーブンに入れる際にお互いが重ならないように並べ、まんべんなくオイルをまぶし、均一に焼き色をつけるといったていねいな仕事が仕上がりを左右する。仕上げにソテーした鮎をのせ、“鮎タデ”をイメージした高麗ニンジンの葉とオイル、花キュウリ、玉ねぎのエスプーマを添える。

［材料］

鮎…4尾
オリーブオイル
塩
鮎魚醤
レモン汁…各適量
タリオリーニ…30g

［つくり方（→補足レシピ189頁）］

❶ 鮎を三枚におろす。身に塩をして1時間ほどおく。
❷ ①の鮎の頭(縦割りにする)、中骨、エラ、尾など、身以外の部分を天板に広げ、オリーブオイルと塩をまぶす(Ph.1)。200℃のオーブンで10～20分焼く(Ph.2, 3)。
❸ 鍋に②を入れ、ひたひたの水を注ぎ、火にかける(Ph.4)。弱火で20分ほど煮出す。漉して冷まし、鮎だしとする。
❹ テフロン加工のフライパンにオリーブオイルを熱し、①の鮎の身を皮目を下にして入れる(Ph.5)。このまま面を返さず、レアに火を入れる。
❺ ④の鮎を取り出し、皮面をバーナーで炙って香ばしさを出す(Ph.6)。
❻ ボウルに③の鮎だし、鮎魚醤、オリーブオイル、レモン汁を入れて混ぜる(Ph.7)。タリオリーニ(2%の塩水でゆでてから氷水にさらして締めたもの)を加え、和える(Ph.8)。

メヒカリのフリット
オリーブのタルタルソース

地元・那珂川産のオリーブをモチーフにした一品。さばいてロール状に巻いたメヒカリにオリーブの枝を刺してフリットに。これをオリーブの葉を敷いた切り株の器に盛って、オリーブの実の塩漬けを添えた。別添えのソースはオリーブ風味のタルタルソース。乾燥させたオリーブの実と葉をパウダー状にして加えてあり、葉の香りとパリパリした食感がアクセントになる。

［材料］

メヒカリのフリット

メヒカリ…3尾
塩
薄力粉、溶き卵、パン粉…各適量

オリーブのタルタルソース

オリーブ(セミドライ)…10g
オリーブの葉…5g
タルタルソース*…100g

＊島らっきょうの塩水漬け、ケイパー、ゆで卵、自家製マヨネーズを合わせたもの

［つくり方(→補足レシピ189頁)］

メヒカリのフリット

❶ メヒカリを三枚におろし、塩をふる(Ph.1, 2)。
❷ おろしたメヒカリの皮を上にしてロール状に巻き、オリーブの枝に刺す(Ph.3, 4)。
❸ 薄力粉、溶き卵、パン粉(ミルで細かく挽いたもの)を順にまぶして(Ph.5)、中温のオリーブオイルでからりと揚げる(Ph.6)。

オリーブのタルタルソース

❶ オリーブ(セミドライ)を天板に広げ、130～140℃のオーブンで水分がとぶまで焼く。フード・プロセッサーにかける。
❷ オリーブの葉を68℃の食品乾燥機に入れてパリパリになるまで乾燥させる(Ph.7)。フード・プロセッサーで砕く。
❸ タルタルソースに①と②を加え混ぜる(Ph.8)。

鱒、発酵人参、金柑

「色を切り口にして料理を考えることが多い」と工藤氏。「同じ系統の色の食材は、味わい的にも合わせやすいような気がします」。この皿のテーマは「黄色」で、ニンジンとマスを組み合わせた。塩をして乳酸発酵させたニンジンの漬物で酸味と旨みのきいたジュをとり、ソースに。付合せはニンジンのフリットで、蒸す、乾燥、フライと3つの工程を重ねて完成度を高めている。

［材料］

発酵人参のジュ

黄ニンジン…1kg
塩…20g
唐辛子…少量
生クリーム…適量

揚げ人参

小ニンジン
米油
塩…各適量

［つくり方（→補足レシピ189頁）］

発酵人参のジュ

❶ 黄ニンジンを皮ごと薄切りにする。重石付きの容器（浅漬用の容器を使用）に入れて、重量の2%の塩をふる。唐辛子の輪切りを加え、重石をして1週間常温におき、乳酸発酵させる（Ph.1）。
❷ ①のニンジンを水で洗って塩抜きする。水気をきり、スロージューサーにかける（Ph.2, 3）。
❸ ジュースを鍋に移し、温める。生クリームを加えてつなぐ（Ph.4）。

揚げ人参

❶ 小ニンジンを92℃の蒸し器で45分間蒸す（Ph.5）。
❷ 食品乾燥機に3時間入れて乾燥させる（Ph.6, 7）。
❸ 高温の米油で揚げ焼きにし（Ph.8）、塩をふる。

石焼き芋、土筆、ヤーコン

遠赤外線ロースターで焼いた石焼き芋を甘くなめらかなクリームに。店の敷地で採れたツクシや那珂川特産のヤーコンのグラッセとともに、立体的に盛りつけた。石焼き芋の甘みが際立つ仕立てだが、工藤氏はコースの中盤にこうした甘い料理を組み込むことが多い。「甘みという異質な要素を挟むことで流れにメリハリが出て、それぞれの料理の印象がよりはっきりとします」。

［材料］

石焼き芋のクリーム

さつま芋…2本
バター…適量
玉ねぎ…小1個
きび砂糖…適量
コンソメ…400cc
生クリーム…100cc

土筆

ツクシ…150g
重曹…水1ℓあたり2g
オリーブオイル
塩…各適量

［つくり方（→補足レシピ190頁）］

石焼き芋のクリーム

❶ 遠赤外線ロースターでさつま芋を焼く（Ph.1）。皮をむき、適宜の大きさに切る。
❷ 鍋にバターを熱し、玉ねぎのスライスをソテーする。きび砂糖をふってカラメリゼし、コンソメを注いでデグラッセする。①の石焼き芋を加えて20分ほど煮る（Ph.2）。
❸ 生クリームを加え（Ph.3）、ミキサーにかける。シノワで漉し、氷水にあてて急冷する（Ph.4）。

土筆

❶ ツクシのハカマを取る。重曹を加えた湯で1～2分ゆがき（Ph.5）、流水で洗ってアク抜きする。キッチンペーパーを敷いたバットにとり、よく水気をきっておく（Ph.6）。
❷ 少量のオリーブオイルを敷いたフライパンを弱火で熱し、①のツクシを重ならないように並べる（Ph.7）。ツクシを激しく動かさず、その場で乾燥させるように焼く。カラカラになったら塩をふって味をととのえる（Ph.8）。

夏鹿、ホワイトアスパラガスのフラン

スライスした生のホワイトアスパラガスと、ヤグルマソウの紫の花が清楚な印象を醸し出す一品。下には、福岡県嘉麻市で獲れた夏鹿のすね肉の煮込みとホワイトアスパラガスのフランが隠れている。すね肉の煮汁を澄ませたコンソメを客前で注ぐと、ホワイトアスパラガスが熱されて香りが立ち上るという趣向。初夏のジビエをさっぱりと、しかし味わい深く食べられる仕立てだ。

［材料］

鹿のすね肉…1頭分
ニンニクオイル
オリーブオイル
塩…各適量
ミルポワ（人参、玉ねぎ、セロリ）…500g
コンソメ…1ℓ
ホワイトアスパラガスのフラン
（→190頁）…各適量

［つくり方（→補足レシピ190頁）］

❶ 鹿のすね肉を掃除して一枚に開き、ニンニクオイルと塩をまぶして一晩マリネする。
❷ ①の肉をロール状に巻き、タコ糸できつく縛る（Ph.1）。フライパンにニンニクオイルを引いて強火にかけ、肉の表面に焼き色をつける（Ph.2）。
❸ 鍋にオリーブオイルを熱し、強火でミルポワを炒める。香ばしい香りがしてきたらコンソメを注ぎ、②とセロリの葉を加える（Ph.3）。落し蓋をして3～4時間煮込む。
❹ 肉が柔らかくなったら取り出し（Ph.4）、1cm厚に切る（Ph.5）。
❺ 鍋の煮汁はさらに煮詰め（Ph.6）、シノワで漉す。さらに目の細かい漉し器で漉して夏鹿のコンソメとする（Ph.7）。
❻ ホワイトアスパラガスのフランに④をのせ、トッピング（→190頁）を盛って仕上げる。⑤の夏鹿のコンソメを別添えする。

Ⅲ ／

HIROYASU KAWATE

Florilège

川手寛康氏は料理とドリンクのペアリングを重視する。
理想とするのはお互いの主張が重なり合い、高め合うような組合せ。
アルコールよりもノンアルコールのペアリングが難しく、取り組みがいがあるという。
世界基準の料理と、料理的感覚で仕立てた
ノンアルコールカクテルの出合いにより、
新たな味わいが生み出される。

烏賊　ヨーグルト

コリアンダー　八朔

鯖　ブルーチーズ

苺　タイム　和紅茶

烏賊　ヨーグルト

日本料理の技法をヒントに細かな包丁目を入れて口溶けのよさと甘みを引き出したイカに、カブのぬか漬けを貼り、ヨーグルトとフロマージュ・ブランを合わせた。別添えのゲソのフリットにもぬか漬けのクリームをあしらい、皿全体を乳酸由来のうま味でまとめる。その複雑な味わいを受け止められるよう、カクテルもコリアンダーの香りや八朔の皮の苦みで個性を打ち出した。

［材料］

アオリイカ

アオリイカ…1杯
塩
レモン汁
オリーブオイル…各適量

ヨーグルト

ヨーグルトのシート
┌ ヨーグルト
│ 牛乳
└ アガー…各適量
フロマージュ・ブラン…適量

［**つくり方**（→補足レシピ191頁）］

アオリイカ

❶ アオリイカをさばき、目、くちばし、軟骨を取り除く。
❷ ①のイカを縦5cm×横20cmほどのサイズのサクにとり、縦に細かい包丁目を入れる（Ph.1）。
❸ ②を裏返し、45度回転させる。サクに対して斜めに細かい包丁目を入れる（Ph.2）。
❹ ③を2cm幅に切り分け（Ph.3）、塩をふり、レモン汁（搾りたてのもの）とオリーブオイルをふってマリネする（Ph.4）。

ヨーグルト

❶ 鍋にヨーグルト、牛乳、アガーを合わせて沸かす。漉してシルパットに流し、パレットナイフで薄く伸ばす（Ph.5）。冷蔵庫で冷やす。
❷ ①のシートが固まったらはがす（Ph.6）。縦6cm×横4cmに切り、筒状に丸める。直径2cmのセルクルにはめ込み、フロマージュ・ブランを詰める（Ph.7）。冷蔵庫で冷やし、セルクルから外す（Ph.8）。

鯖　ブルーチーズ

塩と砂糖で締めたサバを藁焼きにし、じゃが芋、トリュフとともにミルフイユ仕立てに。湯葉と豆乳にブルーチーズを合わせたソースでコクを出し、「和洋折衷のおいしさ」を表現した。「トリュフの季節が来るとつくりたくなる」と川手氏が語るパンチのある味わいに合わせたのは、和紅茶とイチゴのカクテル。この料理に欠けた要素である酸味と渋みを、カクテルで表現するアプローチだ。

［材料］

サバ…1尾
塩…200g
砂糖…100g
じゃが芋…1個
バター
トリュフ
フロマージュ・ブラン…各適量

［**つくり方**（→補足レシピ192頁）］

❶ サバをおろす（中骨と腹骨は残しておく）。
❷ 塩と砂糖を合わせ、①にまぶす（Ph.1）。1時間半ほどおく。
❸ ①を水ですすぎ、水気をふき取る。中骨と腹骨を取る。金串を刺して藁焼きにする（Ph.2, 3）。
❹ ③のサバの皮をはがし、幅2cm×長さ15cmほどに切る（Ph.4）。
❺ じゃが芋を薄切りにし、直径5cmほどの円形に抜く。水にさらし、水気をきっておく。
❻ 鍋にバターを溶かし、120℃に温める。⑤のじゃが芋を1分ほど加熱する（Ph.5）。ザルにとり、脂をきっておく。
❼ 天板にオーブンシートを敷き、⑥のじゃが芋を広げる。トリュフの薄切りをのせ、じゃが芋をかぶせる（Ph.6）。200℃のオーブンで表面を焼く。
❽ ⑦を幅2cmほどに切る。蛇腹状に折り込み（Ph.7）、④のサバで巻く（Ph.8）。

牡蠣　レモンコンフィ

バジル　レモンバーベナ　トマト

ホワイトアスパラガス　ピクルス

金柑　ショウガ　ジャスミン

牡蠣　レモンコンフィ

アサリのだしでポシェした牡蠣をきざみ、トマトのコンフィやショウガとともにタルタルに。レモンコンフィのスライスをかぶせて、甘味、酸味、苦みのアクセントとした。牡蠣をミキサーにかけて泡立てたジュを添えて、スープのようにして味わってもらう。カクテルはバジルとレモンバーベナの香りが際立つもの。ベースのトマトウォーターの旨みが、料理とのつながりを生む。

［材料］

牡蠣のタルタル

牡蠣…1個
アサリのだし
トマトコンフィ
エシャロット(きざむ)
ショウガ(きざむ)
ヴィネグレット…各適量
レモンコンフィ
- レモン
- シロップ
- レモン汁…各適量

牡蠣のスープ

牡蠣…2個
アサリのだし…150cc
生クリーム…50cc

［つくり方(→補足レシピ192・193頁)］

牡蠣のタルタル

❶ アサリのだしを沸かす。弱火にして牡蠣をさっとポシェする(Ph.1)。
❷ ①の牡蠣を粗くきざみ、トマトコンフィ、エシャロット、ショウガを加え混ぜる(Ph.2)。ヴィネグレット(解説省略)で味をととのえる。
❸ レモンコンフィをつくる。鍋にシロップとレモン汁を入れて熱し、レモンの薄切りを加えて軽く煮る。火を止めて余熱で火を入れる(Ph.3)
❹ ②をクネル形に整え(Ph.4)、③を1枚ずつかぶせる(Ph.5)。

牡蠣のスープ

❶「牡蠣のタルタル」と同様に、アサリのだしで牡蠣をポシェする(Ph.6)。牡蠣ごとハンドミキサーで撹拌する(Ph.7)。
❷ 漉した①を鍋で温め、生クリームでのばす(Ph.8)。ハンドミキサーで泡立てる。

ホワイトアスパラガス　ピクルス

バターの中でじっくりと火入れしたホワイトアスパラガスが主役。ブール・ノワゼットのソースとフェンネルやオカワカメのピクルスをランダムに散らした盛りつけが印象的だ。根元部分はムースにし、シャルトリューズのソースをかけて別添え。2品構成でホワイトアスパラガスを味わい尽くす趣向とした。ピクルスの酸味に、ショウガや金柑の苦みと酸味がきいたカクテルをぶつける。

［材料］

ホワイトアスパラガス

ホワイトアスパラガス…2本
バター…50g
レモングラス
レモンの皮…各適量
ニンニク…1片
焦がしパン粉*
コルニション（きざむ）
エシャロット（きざむ）
レモンの皮（きざむ）
シブレット（きざむ）
塩…各適量

＊パン粉を焦がしバターで炒め、乾燥させたもの

仕上げ

ピクルス
（菜の花、フェンネル、エルダーフラワー、オカワカメ）…適量

［つくり方（→補足レシピ193頁）］

ホワイトアスパラガス

❶ フライパンにバターを溶かし、レモングラスとレモンの皮を熱する。掃除したホワイトアスパラガスを入れ（Ph.1）、アルミ箔で落とし蓋をして、とろ火で20分加熱する（Ph.2, 3）。火が入ったら取り出す。
❷ ①のフライパンに残ったバターにニンニクを加えて強火にし、焦がしパン粉を加えて火を止める（Ph.4）。
❸ 温度が下がったら再度火にかける。コルニション、エシャロット、レモンの皮、シブレットを加え、塩で味をととのえ、ソースとする（Ph.5, 6）。

仕上げ

❶ 皿にホワイトアスパラガスを盛り、脇にピクルス（Ph.7）とソースを散らす（Ph.8）。
❷ ホワイトアスパラガスのムース（→193頁）を別添えする。

牛　骨髄

台湾茶　キャラウェイ　シナモン

ホタテ　筍

梨　ミョウガ　紫蘇

牛　骨髄

仏手柑のピクルスとトリュフのスライスの下に隠れているのは、牛肉のタルタルステーキとソース・オランデーズ。タルタルに加えたピータンのコクと香りがポイントで、「中国の人もきっと知らない、最高の組合せです」（川手氏）。別添えする温かな骨髄のフランとコンソメに合わせて、ドリンクも温かなものを。スパイス風味の台湾茶が牛の脂と溶け合って、一体感を高める。

［材料］

経産牛のタルタル

牛（経産牛）のロースまたはフィレ…200g
塩
コルニション（きざむ）
ピータン（きざむ）
シブレット（きざむ）
レモン汁、塩、胡椒、ソース・オランデーズ
仏手柑のピクルス、トリュフ…各適量

骨髄のフラン

フランのアパレイユ*1…50g
骨髄入りのコンソメ*2…50g
フルール・ド・セル
ミニョネット…各適量

*1 卵液と牛のコンソメを合わせたもの
*2 牛のコンソメで骨髄を煮たもの

［つくり方（→補足レシピ194頁）］

経産牛のタルタル

❶ 牛のロースに塩をふり、金串を打つ。炭火で炙る（Ph.1）。
❷ 全面に焼き色がついたら串を抜き、やすませる（Ph.2）。包丁で刻む（Ph.3）。
❸ 氷にあてて冷やしたボウルに②を入れ、コルニション、ピータン、シブレットを加え混ぜる（Ph.4）。レモン汁、塩、胡椒で味をととのえる。
❹ セルクルを2つ使い、③をドーナツ形になるように皿に盛る（Ph.5）。中心にソース・オランデーズ（解説省略）を流し、セルクルを抜く。
❺ ④の上に、半月形に薄切りした仏手柑のピクルスとトリュフを交互にのせる（Ph.6）。

骨髄のフラン

❶ 牛の骨で作った器にフランのアパレイユを流し（Ph.7）、ラップをかぶせる。93℃のスチコンで10分ほど蒸してフランを作る（Ph.8）。
❷ ①の上に骨髄入りのコンソメを張り、フルール・ド・セルとミニョネットをふる。

ホタテ　筍

ホタテと筍は、日本料理では春の椀物で定番の組合せ、これをフランス料理の方法論で仕立て直した。筍は下ゆでしてからホタテのムースを挟んで蒸し、さらにバターで香ばしくムニエル。ホタテのヒモでとったソース・コキヤージュの泡でフランス料理らしい香りの広がりを表現。カクテルは紫蘇とミョウガが香る梨のジュースで、料理に相通じる香りと和のニュアンスを添えた。

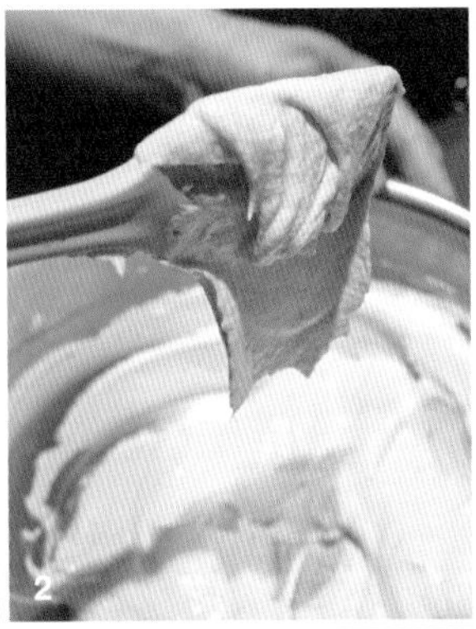

［材料］

ホタテのムース
- ホタテ…10個
- 塩…適量
- 全卵…1個
- 生クリーム…200cc

筍（ゆでたもの）
薄力粉
塩
バター… 各適量

［つくり方（→補足レシピ194・195頁）］

❶ ホタテを掃除して水洗いする。脱水シートで包んで水気をきり、塩を強めにふってミキサーにかける。粘り気が出たら全卵を加え混ぜる（Ph.1）。全体がまとまったら裏漉しする。

❷ 氷にあてて冷やしたボウルに①を入れ、生クリームを何度かに分けて加え混ぜる。スパチュラで持ち上げて、ぎりぎりたれない固さに仕上げる（Ph.2）。

❸ ゆでた筍を厚さ5mmにスライスする。水気をきり、刷毛で薄力粉をまぶす（Ph.3）。

❹ ③の断面に②のピュレをぬり、再度筍で挟む工程を5回ほどくり返し、長さ7cmほどの塊にする（Ph.4）。はみ出たピュレをきれいにぬぐい取る（Ph.5）。

❺ ④をラップで包んで93℃のスチコンで10分蒸す。縦に半割する（Ph.6）。塩をふり、薄力粉をまぶす。

❻ フライパンにバターを熱し、⑤を入れる（Ph.7）。全体がきつね色になるまで焼く（Ph.8）。

トレヴィス　鹿のパテ

トマトウォーター　卵白　文旦

ホロホロ鳥　ほうれん草

ザクロ　ビーツ　ハイビスカス
安納芋のシロップ

トレヴィス　鹿のパテ

「キャベツと似ていて、焼くとめちゃくちゃおいしくなる」（川手氏）というトレヴィスに鹿肉のファルスを挟み、ムース状の油脂の中で焦げ目がつくまで焼き込んだ。鹿の旨みがしみたトレヴィスをごろりと皿に盛り、ビーツのソース、レモン風味のサワークリームを流す。植物性の旨みと乳製品の組合せは、トマトと卵白の泡という形でカクテルでもくり返され、統一感を生む。

［材料］

トレヴィス…1個
鹿のパテのファルス*…50g
バター
オリーブオイル…各適量

*鹿肉をマリネし、ミンチにしてスパイスを加えたもの

［つくり方（→補足レシピ195頁）］

❶ トレヴィスを形を崩さないように洗い、水気をきっておく（Ph.1）。
❷ ①のトレヴィスの葉を開き、鹿のパテのファルスをぬる（Ph.2）。ひとつ上の葉をかぶせ、再度ファルスをぬる。これをくり返す（Ph.3）。
❸ 元のトレヴィスの形に近づけるように形を整える（Ph.4）。半割にし、芯を切り取っておく。
❹ フライパンに多めのバターとオリーブオイルを2：1の割合で合わせて熱する（Ph.5）。ムース状になったら③を加え、加熱する（Ph.6）。
❺ バターに浸かった面がこんがり色づいたら裏返し（Ph.7）、さらに焼く。全面に濃い焼き色がついたら、取り出す。
❻ ⑤を220℃のオーブンに入れて焼き上げる（Ph.8）。

ホロホロ鳥　ほうれん草

冬場に味がのる縮みほうれん草を強火でソテーし、ほうれん草のピュレにチーズ、ハチミツなどを加えたペーストをぬり重ねた。シンプルにローストしたホロホロ鳥と、重層的な仕立てのほうれん草のコントラストがテーマ。カクテルは酸のきいた赤い果実のジュースと、甘く濃厚な芋のシロップの2種構成で、合わせるドリンクによって料理の味わいが変化する様子を楽しんでもらう。

［材料］

縮みほうれん草…1束
ニンニク…1片
塩
バター…各適量
ほうれん草のピュレ*1…30g
玉ねぎ…50g
生クリーム…10g
ハチミツ…10g
チーズ（すりおろす）…10g
ほうれん草パウダー*2…適量

*1 ほうれん草のピュレにクロロフィルを加えたもの
*2 ゆでたほうれん草を乾燥させてミルサーにかけたもの

［つくり方（→補足レシピ196頁）］

❶ フライパンにニンニクをこすりつけて香りをつける。多めのバターを熱し（Ph.1）、黄金色になったら塩をふってもんだ縮みほうれん草を入れて強火でソテーする（Ph.2）。フライパンをゆすってバターを全体に回しながら手早く火を入れる（Ph.3）。
❷ ①を取りだし、半量はきざみ、半量はそのまま取りおく。
❸ 鍋にきざんだ②、ほうれん草のピュレ、玉ねぎのバターソテー（解説省略）、生クリーム、ハチミツ、チーズを合わせ（Ph.4）、温めながら混ぜる（Ph.5）。
❹ ②で取りおいた縮みほうれん草をまな板に広げ、③をぬる。②をかぶせ、さらに③をぬり（Ph.6）、②をかぶせる。
❺ ④にキッチンペーパーをかぶせて上から押さえつけ、形を整える（Ph.7）。縦に二等分し、ほうれん草パウダーをふる（Ph.8）。

IV

HIDEYUKI SHIBATA

La Clairière

柴田秀之氏の料理は「トラディショナル」と評される。
しかし、必ずしもそれを狙ったわけではない、と柴田氏はいう。
多くの常連客に恵まれ、「この人のためにつくる料理」を考え抜いた結果、
行き着いた料理がトラディショナルな形をしていただけ、と。
新しい発想と古くからの仕事が、その一品に注ぎ込まれている。

牡蠣 51℃

51℃に温めた鶏のブイヨンで牡蠣を約20分ポシェ。火が入りきらず、かといって生でもない状態の火入れを模索して行き着いた最適温度が51℃だ。「塩気の強い三陸産の牡蠣」（柴田氏）を選び、味つけの塩はなし。牡蠣とほうれん草を盛った皿にレモンオイル風味の煮汁を流し、同じ煮汁に黒オリーブオイルをたらした一口スープを別添え。二通りの煮汁の味の対比を楽しんでもらう。

［材料］

牡蠣…1個
鶏のブイヨン…30cc
黒オリーブオイル
レモンオイル
縮みほうれん草
塩…各適量

［つくり方］

❶ 牡蠣の殻を開けて身を洗う(Ph.1)。
❷ 鍋に牡蠣がぎりぎり浸る量の鶏のブイヨンを入れ、51℃に温める。
❸ ②に牡蠣を入れ、温める(Ph.2)。51℃を保ちながら20分加熱し、牡蠣がふっくらとしてきたら火を止める(Ph.3)。
❹ 煮汁を漉す(Ph.4)。漉しとった液体の一部を、黒オリーブオイルをたらしたショットグラスに注ぐ(Ph.5)。残りは取りおく。
❺ 縮みほうれん草を1%の塩水で2分ゆでて、水気をきる。塩をふる(Ph.6)。
❻ 皿にレモンオイルをたらし、④で取りおいた煮汁を張る。⑤の縮みほうれん草を盛り、③の牡蠣をのせる。
❼ ④のショットグラスを別添えして提供する。

ペコリーノ・ロマーノとそら豆

春に北イタリアで好んで食べられるペコリーノチーズとそら豆の組合せをアレンジ。フランのように柔らかなパルミジャーノのクリームの塩気と油脂分で、ゆでたそら豆とスライサーで薄く削ったペコリーノを食べる趣向だ。もともとは食後のチーズのカテゴリーとして考えた料理で、クルトンの食感やチョリソの塩気がきいているのでワインのすすむ前菜としても活躍する。

［材料］

パルミジャーノのクリーム

牛乳…100cc
パルミジャーノ…30g
生クリーム…200cc
卵黄…2個分
全卵…1個
塩…適量

仕上げ

ペコリーノ・ロマーノ
そら豆
黒オリーブオイル
フルール・ド・セル
ディジョンマスタード
パセリのピュレ
クルトン、チョリソ、黒胡椒…各適量

［つくり方］

パルミジャーノのクリーム

❶ 鍋に牛乳を温め、パルミジャーノのすりおろしを加えて煮溶かす(Ph.1)。蓋をして30分おく。
❷ ①を漉し、生クリーム、卵黄、全卵を加え混ぜる(Ph.2)。塩で調味する。
❸ シノワで漉してバットに流し(Ph.3)、155℃・湿度50%のスチコンで25分加熱する(Ph.4)。
❹ ③が固まったらタミで漉す。必要なら生クリーム(分量外)でのばす。

仕上げ

❶ ペコリーノを厚さ1mmほどにスライスする(Ph.5)。
❷ 1%の塩湯でさっとゆでたそら豆に黒オリーブオイルをまぶし、フルール・ド・セルをふる。
❸ 皿にそら豆を一直線になるように3粒置き、間に2点、パルミジャーノのクリームを盛る。
❹ 奥のそら豆にディジョンマスタードをのせ、脇にパセリのピュレをたらす。チョリソをのせ、クルトンを添える(Ph.6)。
❺ そら豆の上に①をのせる。ペコリーノのすりおろしをかけ、パセリのピュレを点描する。黒胡椒をふる。

ホワイトアスパラガスの三重奏

ホワイトアスパラガスのムース、ジュレ、ヴルーテがカクテルグラスの中で美しい三層を織りなす、柴田氏のスペシャリテ。使用するのはフランス・ロワール産の水耕栽培のアスパラガスで、風味を逃さぬよう最小限の湯でゆでてから、テクスチャーや色合いの異なる3つのパーツへと変化させる。「露地ものよりもみずみずしく、繊細な味のロワール産だからこその仕立てです」（柴田氏）。

［材料］

ホワイトアスパラガスのヴルーテ

ホワイトアスパラガスのベース（900gを使用）
- ホワイトアスパラガス…10本
- 昆布
- 日本酒
- 水…各適量
- 塩…液体の重量の0.8%
- 牛乳…適量

ホワイトアスパラガスの煮汁…50g
牛乳…50g

仕上げ

ホワイトアスパラガスのジュレ
ホワイトアスパラガスのヴルーテ
ホワイトアスパラガスのムース
フルール・ド・セル…各適量

［つくり方（→補足レシピ197頁）］

ホワイトアスパラガスのヴルーテ

❶ ホワイトアスパラガスのベースをつくる。皮をむいたホワイトアスパラガスを5～10分ぬるま湯に浸けてアクを抜く（Ph.1）。皮は取りおく。
❷ 鍋に①の皮、昆布、日本酒、塩、ひたひたよりやや多めの水を入れて火にかける（Ph.2）。沸いたらアクを取り、漉す。
❸ ②の煮汁で①のホワイトアスパラガスを10分弱ゆでる（Ph.3）。ゆで上がったらバットにとり、塩をふる（Ph.4）。粗熱がとれたら適宜に切る。煮汁は取りおく。
❹ ③の煮汁を漉し（Ph.5）、牛乳とともに鍋に入れる。③のホワイトアスパラガスを加え、1分ほど加熱する（Ph.6）。
❺ ④をミキサーにかけてシノワで漉す。
❻ ⑤に③の煮汁と牛乳を加えて濃度を調整する。氷水にあてて冷やしておく（Ph.7）。

仕上げ

ホワイトアスパラガスのジュレ（→197頁）を流して冷やし固めたグラスにヴルーテを流し（Ph.8）、ムース（→197頁）をのせる。グラス右奥にフルール・ド・セルをふる。

鹿児島産竹の子とウニのリゾット
エスカルゴバターソース

日本的な食材も好んで使う柴田氏。ここではタケノコを昆布だしと鮎魚醤で濃いめの味に炊き、ウニのリゾット、エスカルゴバターでリエしたアサリだしのソースを合わせてフランス料理へと着地させた。提供する際は、バーナーで焼いてから藁で燻したタケノコの皮をかぶせて強い燻香をまとわせる。「掘りたてのタケノコを焚き火にくべて焼き、その場で切って食べる」イメージだ。

［ **材料** ］

タケノコ…1本
煮汁
- 水…400cc
- 日本酒…30cc
- 昆布…10cm分
- 鮎魚醤
- 塩
- 砂糖…各適量

米粉
米油…各適量

［ **つくり方**（→補足レシピ198頁）］

❶ タケノコを糠（分量外）でゆがく（Ph.1）。皮と姫皮をむき、縦に四等分する（Ph.2）。皮は取りおき、乾かしておく。
❷ 水、日本酒、昆布を鍋に合わせて沸かす。昆布を引き抜き、鮎魚醤、塩、砂糖で味をととのえ、①のタケノコを入れて30分ほど煮含める（Ph.3）。
❸ タケノコに味がしみたら取り出す。根元の硬い部分は厚さ8mmの輪切りにして、包丁目を入れる（Ph.4）。米粉をまぶして中温の米油で揚げる（Ph.5）。
❹ ①で取りおいた皮の表面をバーナーで炙って焦がす（Ph.6, 7）。
❺ ④、藁、細切りにしたタケノコの皮（分量外）を鋳鉄製の鍋に入れて、全体をバーナーで炙る（Ph.8）。煙が立ったら蓋をして3分ほど燻す。

七草とタラバガニのビスク

七草がゆ風のバターライスに日本酒をふって蒸したタラバガニの身をのせ、カニのビスクを流した。正月明けに提供している料理で、「旬の食材を用いるのに加えて、日本の歳時を料理に取り入れることで、季節感をよりはっきりと感じてもらえます」（柴田氏）。仕上げにのせるカブのスライスは裏側に柚子オイルをぬったもの。香りからも年の初めらしさを引き立てる。

［材料］

七草のバターライス

カブ
ダイコン
セリ
バターライス
パルミジャーノ
オリーブオイル
塩…各適量

カニのビスク

タラバガニの殻…1杯分
ニンニク（皮付き）…2片
オリーブオイル…適量
コニャック…100cc
トマト・コンサントレ…50g
ニンジン
玉ねぎ
セロリ
エシャロット
タイム
エストラゴン
フェンネル
黒粒胡椒
塩…各適量

［つくり方（→補足レシピ198頁）］

七草のバターライス

❶ 七草はカブ、ダイコン、セリを使用（Ph.1）。カブとダイコンは2mm厚の色紙切りにする。カブの茎、ダイコンの葉、セリは刻む。
❷ セリを除く①を塩湯で10秒ほどゆでて（Ph.2）、すぐに氷水にさらす。水気をきる。
❸ バターライス（解説省略）に②の野菜と生のセリ、パルミジャーノのすりおろし、オリーブオイルを加えて混ぜる（Ph.3, 4）。塩で味をととのえる。

カニのビスク

❶ ニンニクをオリーブオイルで炒め、タラバガニの殻のぶつ切りを加えて炒める（Ph.5）。コニャックでデグラッセし、トマト・コンサントレ、オリーブオイルでソテーしたニンジン、玉ねぎ、セロリ、エシャロットを加える。
❷ 水を注ぎ、沸いたらアクを取る（Ph.6）。タイム、エストラゴン、フェンネル、黒粒胡椒を加えて45分ほど煮出す。
❸ ミキサーにかけてシノワで漉す（Ph.7, 8）。煮詰めて濃度を調整し、塩で味をととのえる。

モリーユのファルシ
リ・ド・ヴォーと山うど

フランスの春を彩る食材モリーユに、リ・ド・ヴォーのソテーとバターライスを詰めてソテー。香り豊かなソース・モリーユを合わせた。付合せは東京産のウドの塩ゆでとフライ。もともとはホワイトアスパラガスを添えていたが、「今の時代、東京都という土地で表現するなら」と考え、アスパラガス同様に遮光栽培され、食感や香りに共通するニュアンスがあるウドを選択した。

1

2

3

4

5
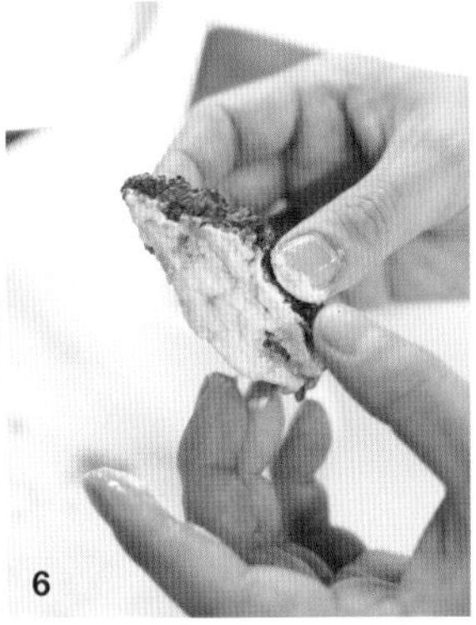
6

7

8

［材料］

モリーユ…2個
ブイヨン・ド・ヴォライユ…適量
モリーユ風味のバターライス
- ベーコン
- バターライス
- 乾燥モリーユ*
- 白胡椒
- 塩
- バター
- ニンニク
- パセリ
- ソース・モリーユ(→198頁)

卵黄
生クリーム…各適量
リ・ド・ヴォーのムニエル
シブレット
強力粉
卵白
ソース・モリーユ
バター…各適量

＊一晩水でもどしたもの

［つくり方(→補足レシピ198頁)］

❶ モリーユを水洗いして水気をふく。縦に切れ目を入れる(Ph.1)。
❷ ブイヨン・ド・ヴォライユで①のモリーユを軽くゆでて柔らかくしておく(Ph.2)。引き上げて水気をきる。
❸ モリーユ風味のバターライスを作る。細切りにしたベーコンを炒める。バターライス(解説省略)と刻んだ乾燥モリーユを加え、塩と白胡椒で味つけする。少量のバターを加えて溶かし、刻んだニンニクを加える。パセリのみじん切りとソース・モリーユを加えてなじませる(Ph.3)。
❹ ③の火を止め、溶いた卵黄と生クリームでリエする。バットに広げて冷ましておく。
❺ ②のモリーユに、小角切りにしたリ・ド・ヴォーのムニエル(解説省略)と④を詰める(Ph.4)。ゆでたシブレットで3ヵ所を縛り(Ph.5)、切り口に強力粉、溶いた卵白、強力粉を順にまぶす(Ph.6)。
❻ フライパンにバターを熱し、⑤の粉をつけた面を焼く(Ph.7)。切り口が焼けて固まったらソース・モリーユを加え、アロゼしながら軽く煮詰める(Ph.8)。

稚鮎のフリチュール
南高梅のエミュルシオン

稚鮎、南高梅、笹の葉のお茶という和の要素をふんだんに使った一皿。稚鮎は3分ほどかけてしっかりと揚げることで水分を抜き、肝の旨みと苦みを際立たせる。ガラスの器にクレソンと笹茶で仕立てた青い香りのクーリを点描し、レモングラスのハーブティーで梅干しをアンフュゼした酸味のある泡をのせて完成。味覚と視覚の両面から、日本の夏を涼やかに表現した。

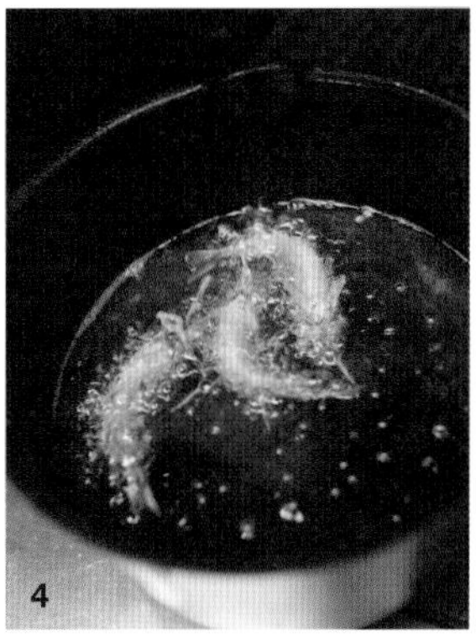

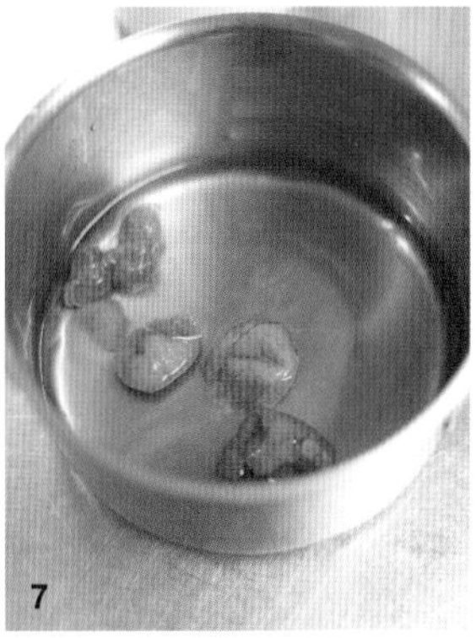

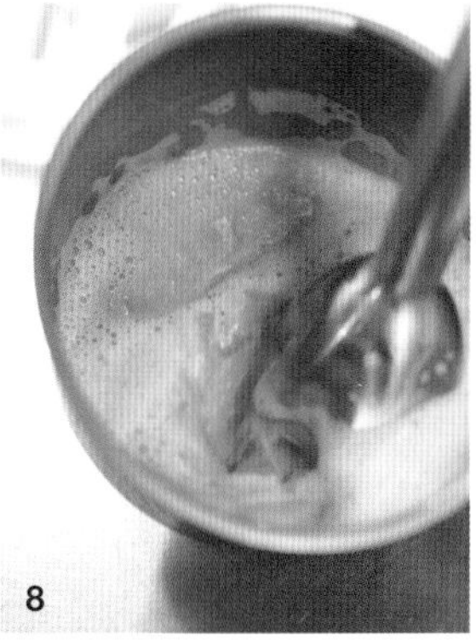

［材料］

稚鮎のフリチュール

稚鮎…3尾
パートブリック
黒胡椒…各適量

南高梅のエミュルシオン

ハーブティー（レモングラス）…20g
梅干し（南高梅）…3粒
大豆レシチン…少量

［つくり方（→補足レシピ199頁）］

稚鮎のフリチュール

❶ 稚鮎を氷水に浸けて締める（Ph.1）。水気をきる。
❷ パートブリックを1cm幅に切り、稚鮎の腹に巻きつける（Ph.2）。その際、胸ビレを一緒に巻き込まないように開いておく。腹に対して垂直に竹串を刺してパートブリックを留める。頭からも竹串を刺し、踊り串のように尾を留める。
❸ 稚鮎の口元に切れ目を入れて口を開く。頭にのみ強力粉をまぶす（Ph.3）。
❹ 中温の米油で3分ほどかけてカラリと揚げる（Ph.4）。頭にのみ、黒胡椒をふる。

南高梅のエミュルシオン

❶ お湯（分量外）にレモングラスを入れて軽く煮出す（Ph.5）。
❷ ①を漉し（Ph.6）、梅干しとその種を加える。15分ほどおいて風味を移す（Ph.7）。
❸ ②の種を取り除き、大豆レシチンを加えてハンドミキサーで回し泡立てる（Ph.8）。

鮎のバリエーション 笹茶とクレソンのクーリ

116頁の「稚鮎〜」が初夏の小さな鮎を味わう品なのに対し、こちらは夏場の成長した鮎を通して、「鮎の塩焼きと鮎ご飯」という2つの味わいを再現した一品。鮎の身はグリルとソテーに、骨と頭は揚げてバターライスに、内臓はブーダン・ノワール風味のフライに仕立てて皿の上で再構築。稚鮎の料理と同じソースを合わせて、季節の移り変わりと鮎の成長を実感してもらう仕掛けだ。

［材料］

鮎…2尾
塩…適量
バターライス…100g
青ノリ
米粉
米油
山椒粉
ブーダン・ノワール
刻みノリ
ベニエ生地…各適量

［つくり方（→補足レシピ199頁）］

❶ 鮎を三枚におろし、フィレ、頭、カマ、エラ、中骨、腹骨、背びれ、腹びれ、肝、尾に分ける（Ph.1, 2）。
❷ フィレと肝以外のパーツは低温の米油で揚げる（Ph.3）。揚げた半量は粗く刻み、半量は仕上げ用に取りおく。
❸ フィレの下身は塩をして、皮目からゆっくりグリエする（Ph.4）。粗く刻んでおく。
❹ ②、③、バターライス（解説省略）を炒め合わせ（Ph.5）、青ノリを混ぜる。
❺ フィレの上身は塩をして冷蔵庫で半日乾かす。米粉をまぶし、米油を熱したフライパンでポワレにする（Ph.6）。
❻ 肝は山椒粉と合わせて粗く潰す。火にかけて、内臓から出る油でコンフィにする。
❼ ⑥とブーダン・ノワール（解説省略）を混ぜ合わせ、刻みノリを加える。直径1cmほどの球状に整形し（Ph.7）、冷凍しておく。提供前にベニエ生地（解説省略）をつけて揚げる（Ph.8）。

トリ貝と初夏の野菜のジュレ寄せ

京都・舞鶴産の特大のトリ貝を、そのまま置いたかのようなビジュアルが驚きを誘う一品。殻の中には鮎魚醤をぬったトリ貝とアカイカ、夏野菜が詰まっている。アカイカを加えたのは、強い旨みとねっとりした食感で「おいしさをブーストする」という意図から。殻にはペルノーをスプレーし、冷たい料理に欠けがちな香りの要素を加味。開いた時に立ち上る香りを楽しんでもらう。

［材料］

トリ貝(京都・舞鶴産)…1個
アカイカ
塩
鮎魚醤…各適量
野菜のマリネ
- 野菜類(ズッキーニ、ナス、エダマメ、スナップエンドウ、モロッコインゲン、サヤエンドウ、下処理したワラビとフキ、叩きゴボウ)…各適量

マリナード
- 水…1ℓ
- 昆布…4g
- 鮎魚醤…20g
- 日本酒…20g
- 砂糖…15g
- 塩…8g

コンソメブイヤベースのジュレ
オリーブオイル
ペルノー…各適量

［つくり方］

❶ トリ貝の殻を開け(Ph.1)、身、貝柱、ヒモを取り出す。身に切り目を入れてワタを取り除き(Ph.2)、水ですすぐ。殻は煮沸殺菌しておく。
❷ ①の身、貝柱、ヒモを1%の塩水で湯引きし、氷水に落とす(Ph.3)。
❸ ②をそれぞれ食べやすい大きさに切り、鮎魚醤をぬる(Ph.4)。アカイカは包丁目を入れて食べやすい大きさに切り、鮎魚醤をぬる。
❹ マリナードの材料を合わせて沸かす。冷ましておく。
❺ 輪切りにしたズッキーニとナスをオリーブオイルでソテーする(Ph.5)。エダマメは塩ゆでしてそのまま冷ます。その他の野菜はそれぞれゆでて氷水に落とす。
❻ ④に⑤を浸けて1時間ほどおく(Ph.6)。
❼ トリ貝の下側の殻に、⑥の野菜類とトリ貝の貝柱、ヒモ、アカイカを盛る。コンソメブイヤベースのジュレ(解説省略)を流し、トリ貝の身を盛り、再度ジュレを流す(Ph.7)。オリーブオイルをかける。
❽ トリ貝の上側の殻の表面にペルノーをスプレーする(Ph.8)。⑦にかぶせて提供する。

黒アワビの岩塩包み焼き

もともとは羊料理で使っていた塩釜焼きの手法をアワビに応用。クロアワビを火が入りすぎないよう昆布でくるんでから塩釜で包み、230℃で10分加熱する。産地や大きさが変わると加熱時間も変わるため、必ず山口・萩産の350～400gのクロアワビを使用する、と柴田氏。蒸し上がったアワビに肝とジュ・ド・ブフのソースを合わせ、カツオ菜と生胡椒のコンカッセを添えて提供。

[**材料**]

クロアワビ…1個
昆布
日本酒…各適量
岩塩生地
- 卵白
- 岩塩…各適量

海藻バター(ボルディエ)
ジュ・ド・ブフ
黒胡椒…各適量

[**つくり方** (→補足レシピ200頁)]

❶ クロアワビを殻ごとタワシで洗って汚れをとる。
❷ 昆布を日本酒で濡らし、もどしておく。
❸ 岩塩生地を作る。卵白をスタンドミキサーで撹拌して、しっかりと角が立ったメレンゲをつくる。岩塩を加え混ぜる。
❹ 耐熱皿に①のクロアワビを殻を下にしてのせ、昆布をかぶせる(Ph.1)。③の岩塩生地で全体を包み(Ph.2)、生地がきれいなドーム状になるようにパレットナイフで形を整える(Ph.3)。
❺ 230℃のオーブンで10分焼き、温かな場所において余熱で火を入れる(Ph.4)。
❻ 客前で岩塩生地を割ってクロアワビを披露してから(Ph.5)、厨房に戻す。アワビの殻を外し、身と肝に分ける(Ph.6)。
❼ アワビの身は二等分し、断面に細かな包丁目を入れる。海藻バターで軽く温める(Ph.7)。
❽ 肝はジュ・ド・ブフとともにミキサーで撹拌し、漉す(Ph.8)。海藻バターと黒胡椒で味をととのえ、ソースとする。

タラバガニのタルト・ランベルセ

タルト・ランベルセは、ファルスに生地をかぶせて焼くタイプのタルトのこと。柴田氏はパートフィロを2枚重ねた軽い生地、焼きガニ、甲殻類のソースを別々に仕立て、皿の上で組み立てた。用いるカニはタラバガニ。「この料理にはバターやクリームに負けないタラバガニの甘みが不可欠。ズワイガニだと繊細すぎます」。故郷、北海道の浜で食べた焼きガニの記憶を元にした一品だ。

［材料］

タラバガニの足…1本
カニのクリームソース*1
ディル(刻む)…各適量
生地
- パートフィロ…2枚
- 澄ましバター
- 卵白…各適量

仕上げ
- 柚子風味のクスクス*2
- フキノトウ
- トリュフ
- カニのクリームソース
- サラダ(豆苗、ウルイ、ラディッシュ)
- …各適量

*1 カニのビスク(→113頁)に生クリームを加えてつないだもの
*2 蒸したクスクスに柚子果汁と柚子オイルを加え、塩で調味したもの

［つくり方］

❶ タラバガニの足を1本取り、殻ごとグリルする(Ph.1, 2)。
❷ 焼けたら身をほぐし(Ph.3)、カニのクリームソースとディルを加え混ぜる(Ph.4)。
❸ 生地を作る。台にパートフィロを広げ、刷毛で澄ましバターをぬり、溶いた卵白を少量つける(Ph.5)。もう一枚のパートフィロをかぶせ、しっかり接着する。
❹ ③を直径7cmのセルクルで抜き、オーブンペーパーで挟んでパイ皿にのせる。上からもパイ皿をかぶせて押さえる(Ph.6)。180℃のオーブンで10分焼く(Ph.7)。
❺ 器に②を盛り、柚子風味のクスクスをのせる。塩ゆでして小角切りにしたフキノトウ、細切りにしたトリュフをのせ、ハンドミキサーで泡立てたカニのクリームソースを流す(Ph.8)。
❻ ④の生地をのせ、サラダを盛り、柚子風味のクスクスをふる。

蛍烏賊のピサ・ラディエール

フランス、イタリアの地中海沿岸に伝わる郷土料理「ピサ・ラディエール」から発想した品。パルミジャーノのチュイルの下には、ゆでたホタルイカと揚げたゲソ、玉ねぎのコンフィやトマトなどの具材が隠れている。内臓ごと刻んだホタルイカと飴色玉ねぎのペーストが、ピサ・ラディエールに欠かせない魚介由来の旨みとコクを生む。サラダをのせ、ルーコラのピュレを添えて完成。

［材料］

ホタルイカ
オリーブオイル
おかき粉…各適量
チュイル
［パルミジャーノ
　コーンスターチ…各適量
飴色玉ねぎ*
真空調理した玉ねぎ（→200頁）
じゃが芋（揚げる）
トマト
バジル
イタリアンパセリ…各適量

*スライスした玉ねぎをバターで飴色になるまでソテーしたもの

［つくり方（→補足レシピ200頁）］

❶ ホタルイカを掃除し、目、くちばし、軟骨を取る。胴と足に分ける。
❷ 胴に爪楊枝を打って留め（Ph.1）、熱湯でさっとゆでる。水気をきり、オリーブオイルをまぶす（Ph.2）。
❸ 足におかき粉をまぶし（Ph.3）、中温の米油で揚げる。
❹ チュイルを作る。パルミジャーノのすりおろしとコーンスターチを合わせ、テフロン加工のフライパンにふるいかける（Ph.4）。少量の水をスプレーでかけて湿らせ、火にかける。チュイルが固まってきたら火を止め、ヘラではがす（Ph.5）。
❺ ②のホタルイカの半量をきざみ、飴色玉ねぎと混ぜ合わせる（Ph.6）。
❻ 真空調理した玉ねぎの輪切りに⑤をのせ（Ph.7）、②、③、揚げたじゃが芋、一口大に切ったトマト、バジル、イタリアンパセリをのせる（Ph.8）。皿に盛り、④のチュイルをかぶせ、その他の材料を盛って仕上げる（→200頁）。

鱈白子のムニエル、蕪、春菊のピュレ

和食でタラの白子といえば「白子ポン酢」だが、「冷たい白子とポン酢の組合せが苦手」という柴田氏。白子のとろりとした食感を生かすべく温前菜に仕立てた。表面を香ばしく焼いた白子のムニエル、春菊のピュレ、ゆでたカブというシンプルな構成だが、ピュレに辣油をたらして味を引き締め、カブは皮を手ではいでザラッとした食感を出すなど、細部に気を配り完成度を高める。

［材料］

タラの白子…1尾分
塩
白胡椒
強力粉
バター…各適量
カブ…2個
春菊のピュレ
ブイヨン・ド・ヴォライユ
辣油…各適量

［つくり方（→補足レシピ201頁）］

❶ タラの白子の筋を取って1人分のポーション（50～ 60g）に切り、軽くねじって形をととのえる（Ph.1, 2）。
❷ 塩と白胡椒をふり（Ph.3）、強力粉をまぶす。
❸ 少量のバターを熱したフライパンで、②を強火で焼く（Ph.4）。適宜バターを足しながら、白子を動かしすぎないように加熱する（Ph.5）。片面がこんがり色づいたら面を返し、軽く焼く（Ph.6）。
❹ カブを串切りにし、皮目に切れ目を入れる。切れ目から皮をはぐようにしてむき（Ph.7）、面取りする。塩もみしてゆでる。
❺ 春菊のピュレ（→201頁）をブイヨン・ド・ヴォライユでのばし（Ph.8）、辣油と塩で味をととのえる。

ふぐの白子、堀川ゴボウ、トリュフ、鴨のコンソメ

フォン・ブランでポシェしたフグの白子、鴨のコンソメで炊いた堀川ゴボウ、マグレ・ド・カナールのラヴィオリを一皿に。厚切りした大きなトリュフを器の底に敷き、客前で熱々の鴨のコンソメを注ぐ。その熱によって立ち上るトリュフの芳香とともに白子を味わう趣向だ。お客が意識せずとも味の淡い順に食べ進められるよう、手前から白子、ゴボウ、ラヴィオリの順に配置する。

［材料］

白子のポシェ

トラフグの白子
塩
フォン・ブラン
鮎魚醤…各適量

堀川ゴボウと鴨のコンソメ

堀川ゴボウ
鴨のコンソメ
トリュフ…各適量

［つくり方（→補足レシピ201頁）］

白子のポシェ

❶ トラフグの白子は筋に沿って包丁を入れ（Ph.1）、太い血管を抜く。1人分60gに切り、塩をふる（Ph.2）。
❷ 鍋に白子がぎりぎり浸かる量のフォン・ブランを沸かし、弱火に落とす。①を入れて10分ほどポシェする（Ph.3）。
❸ 白子の水気をふく。少量の鮎魚醤をぬり（Ph.4）、ぬった部分をバーナーで炙る。

堀川ゴボウと鴨のコンソメ

❶ 堀川ゴボウを適宜の大きさに切り、30分ほど塩ゆでした後、鴨のコンソメで煮る。
❷ ①のゴボウの芯を抜いて皮をむく。厚さ1cmほどに切り（Ph.5）、煮汁に浸けて味をしみこませる（Ph.6）。皮は別途低温のオーブンで乾燥させておく。
❸ 新たに鴨のコンソメを温め、②の皮を入れて香りを移す（Ph.7）。漉す。
❹ 器に厚さ1.5mmほどにスライスしたトリュフを敷き、ヒートランプで温めておく（Ph.8）。白子のポシェ、堀川ゴボウ、鴨のラヴィオリ（→201頁）を盛り、客前で鴨のコンソメを注ぐ。

ジロール茸のオムレツ

テイクアウト用につくったオムレツをブラッシュアップ。洋食風の見た目ながら、水気が出ないよう強火で焼いたジロールに、ミロワールに煮詰めて濃縮させた赤ワインのソースを合わせてガストロノミーの料理へと昇華させている。キノコは水洗いしないやり方もあるが、「砂が残って食べた時『ジャリッ』となるのは最悪。洗ってから冷蔵庫で乾燥させて使うのがいいと思います」。

1

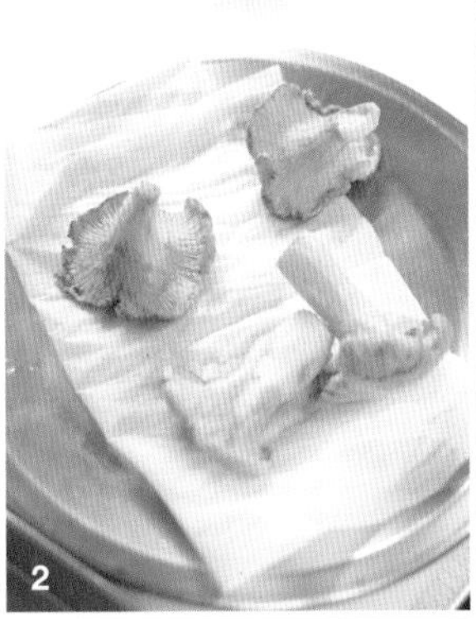
2

3

4

5

6

7

8

［材料］

ファルス

ジロール
オリーブオイル
バター
玉ねぎのコンフィ*
ベーコン
パルミジャーノ
生クリーム
ウコギ
塩
白胡椒…各適量

*繊維に沿って切った玉ねぎをバターでソテーしたもの

赤ワインソース

赤ワイン…300cc
ソースのベース（→201頁）…50cc
バター…適量

仕上げ

全卵…4個
塩…1.5g
生クリーム…30cc
バター
シブレット（刻む）…各適量

［つくり方（→補足レシピ201頁）］

ファルス

❶ ジロールの軸の皮をむき、水洗いして汚れを取る（Ph.1）。水気をきり、冷蔵庫に半日ほど入れて乾かしておく（Ph.2）。
❷ ①のジロールをオリーブオイルでソテーし、バターを加え、塩、白胡椒をふる（Ph.3）。
❸ 玉ねぎのコンフィ、ベーコンの細切り、パルミジャーノのすりおろし、生クリームを加えて加熱する。ゆでたウコギを加える（Ph.4）。

赤ワインソース

❶ 赤ワイン150ccを鍋にとり、液体がほぼなくなるまで煮詰める（Ph.5）。
❷ ①に残りの赤ワインを加え、再度液体がなくなるまで煮詰める（Ph.6）。
❸ ②にソースのベースを加え、バターでモンテする（Ph.7）。塩で味をととのえる。

仕上げ

❶ 全卵、塩、生クリームで卵液を作り、バターを熱したフライパンで半熟に焼く。
❷ 器にファルスを盛り、①をのせる（Ph.8）。ソースをかけ、シブレットをふる。

ピエ・ド・コション
オマールブルーとリ・ド・ヴォーのファルシ
ソース・ペリグー

フランスの家庭料理やビストロ料理をブラッシュアップし、レストランの料理へと昇華させることは柴田氏が掲げるテーマの一つ。ガストロノミーで使われることが少ない豚足をていねいに処理してオマールやリ・ド・ヴォーを巻き、贅沢かつ迫力のある味に仕立てた。合わせるのはトリュフが香るソース・ペリグーと、キクイモのピュレ。フランスの多様な食文化を体感できる一品だ。

1

2

3

4

5

6

8

［材料］

豚足（ゆでたもの）*…2本
オマール…2尾
リ・ド・ヴォー…240g
バター、強力粉
マッシュルーム
パセリ、豚の網脂
白胡椒、塩
オリーブオイル…各適量

*豚足は下処理し、ミルポワを加えたフォン・ブランでゆでておく

［つくり方（→補足レシピ202頁）］

❶ ゆでた豚足（Ph.1）の骨を抜き、ラップを敷いたバットに皮を下にして広げる（Ph.2）。平らにならす。
❷ ①にラップをかぶせ、バットで重石をして冷蔵庫で1日ねかせる。
❸ ②が十分に締まったら取り出し（Ph.3）、縦10cm×横8cmほどの長方形に切り整える。厚さは3mm程度になるように削ぎ切りにする（Ph.4）。
❹ 下ゆでしたオマールに塩をふる。リ・ド・ヴォー（血抜きしてから20分ほど下ゆでしたもの）は塩をして強力粉をまぶす。ともにバターでソテーする（Ph.5）。
❺ 台にラップを敷いて③をのせ、塩と白胡椒をふる。④、バターでソテーしたマッシュルーム、刻んだパセリをのせ（Ph.6）、ラップごと棒状に巻く。
❻ ⑤を再度ラップで巻き（Ph.7）、袋に入れて真空にかける。冷蔵庫で冷やして締める。
❼ ⑥のラップを外し、豚の網脂で巻く。白胡椒をふる。オリーブオイルを熱したフライパンで焼く（Ph.8）。

フロマージュ・ド・テット・ド・マルカッサン

仔イノシシの頭肉でつくったフロマージュ・ド・テットにトリュフのスライスとじゃが芋のフライをのせ、ニンジンのピュレ、菜の花のクーリを添えて。フロマージュ・ド・テットはコリコリした耳をあえて加えず、口に入れると溶けてなくなるような仕上がりをめざした。肉を冷やし固める際は、煮汁ではなく鴨のコンソメを使用。レストランらしいクリアでキレのある味わいとした。

［**材料**］

イノシシの頭…半頭分
ミルポワ（ニンジン、玉ねぎ、セロリ）
塩
白胡椒
マスタード
エシャロット・コンフィ
パセリ…各適量
鴨のコンソメ…250cc
板ゼラチン…1枚

［**つくり方**（→補足レシピ202頁）］

❶ イノシシの頭に残った毛を焼ききり1〜2日、水にさらして血抜きする。水からゆでこぼす。
❷ 鍋に水を張り、①、ミルポワ、塩を加えて水から沸かす。4時間ほど煮る。
❸ 頭の肉が柔らかくなったら取り出し（Ph.1）、骨を抜く（Ph.2）。頬肉と舌肉は取り分けておく（Ph.3）。
❹ バットに③の頭肉、頬肉、舌肉を平らになるようにバランスよく広げ、塩をふる（Ph.4）。ラップをかけて冷蔵庫に入れる。
❺ ④が冷えて固まったら取り出し（Ph.5）、1cm角ほどの角切りにする（Ph.6）
❻ ボウルに入れ、塩、白胡椒、マスタード、エシャロット・コンフィ（解説省略）、刻んだパセリで味つけする。水でもどした板ゼラチンを溶かした鴨のコンソメを加える（Ph.7）。型に詰め、冷やし固める。
❼ ⑥が固まったら厚さ1cmにスライスし、縦横2cm角に切る（Ph.8）。その他のパーツとともに、盛りつける（→202頁）。

V

MAKOTO ISHII

Le Musée

石井 誠氏は感性の人だ。
北海道の自然と食材の豊かさを、自作の器や、
時には絵画まで動員して伝えようとする。
そんな氏のモットーは、「料理はできるだけ、わかりやすく」。
メッセージが多くてもお客が混乱せずにすむのは、
「誰もがおいしいと感じる味」がいつも皿の上にあるからだ。

森／生態系 自然観

「ル・ミュゼ」を象徴する、北海道の生態系と自然を表現したアミューズ。内容は年度や季節ごとに変わるが、石井氏がライフワークとして足を運ぶ北海道の「森」と、そこに生える「キノコ」に関連する食材が主軸。写真は3月のアミューズで、キノコのデュクセルを使った森のクロケット、乾燥キノコのだしに昆布だしと雉のコンソメを合わせた森のコンソメなど6種を盛り込んだ。（→レシピ203頁）

キノコサブレ
（→140頁）

キノコサブレ 黒

ピスタチオの苔

ゆり根のモンブラン
（→141頁）

森のクロケット

森のコンソメ

キノコサブレ

自家製の椎茸パウダーを加えた生地でつくるサクサクのサブレは定番の品。一口サイズに焼き、キノコのデュクセル入りのバターとドライいちじくをあしらう。この生地に竹炭を加えて焼けば、キノコサブレ 黒に。バリエーションを増やし、食感、味わい、見た目の変化を出すことで自然の多様性も表現する。

［材料］

キノコサブレ
- 椎茸パウダー…25g
- 薄力粉…60g
- アーモンドパウダー…80g
- 粉糖…20g
- コーンスターチ…10g
- 塩*1…5g
- バター…150g

キノコバター*2
ドライイチジク…各適量

*1 料理に使う塩はすべて、北海道南部・熊石産「釜炊き一番塩」を使用
*2 シャンピニョン・デュクセルとバターを混ぜたもの

［つくり方］

❶ 椎茸の端材（分量外）を食品乾燥機で乾燥させる（Ph.1）。ミルサーで挽いて椎茸パウダーにする（Ph.2, 3）。
❷ それぞれふるった椎茸パウダー、薄力粉、アーモンドパウダー、粉糖、コーンスターチ、塩をボウルに合わせる（Ph.4, 5）。
❸ ②に冷たいバターを加え、指でつぶしながら混ぜる（Ph.6, 7）。
❹ 直径2cmの円形（1つ3.5g）に成形し、150℃のオーブンで13分焼く（Ph.8）。
❺ ③にキノコバターとドライイチジクをのせる。

ゆり根のモンブラン

北海道・帯広の山西農園産のゆり根を用いた、モンブラン見立ての品。トリュフとうずらの半熟卵にゆり根のピュレを絞り、一口で食べてもらう。「当店のアミューズは品数もパーツも多いですが、だからこそひとつひとつの完成度を高めることが大切。モンブランも絞りたての完璧な状態でお出しします」と石井氏。

［材料］

ゆり根のペースト
- ゆり根…500g
- バター…50g
- 生クリーム…25g
- 塩…適量

トリュフ（きざむ）…適量
うずらの卵（半熟にゆでる）…1個
椎茸パウダー…適量

［つくり方］

❶ ゆり根の鱗片を一枚ずつはがし、水で洗う。
❷ ①を塩ゆでし、水気をきる（Ph.1, 2）。
❸ 鍋にもどし、軽く温めて水気をとばしながらしゃもじなどでつぶす（Ph.3）。ある程度つぶれたら、裏漉しする（Ph.4）。
❹ ③にバターと生クリームを加え、塩で味をととのえる（Ph.5）。ヘラで練ってペースト状にする（Ph.6）。モンブラン用の口金をつけた絞り袋に詰めておく。
❺ 器にトリュフとうずらの卵をのせ、④を絞りかける（Ph.7, 8）。椎茸パウダーをふる。

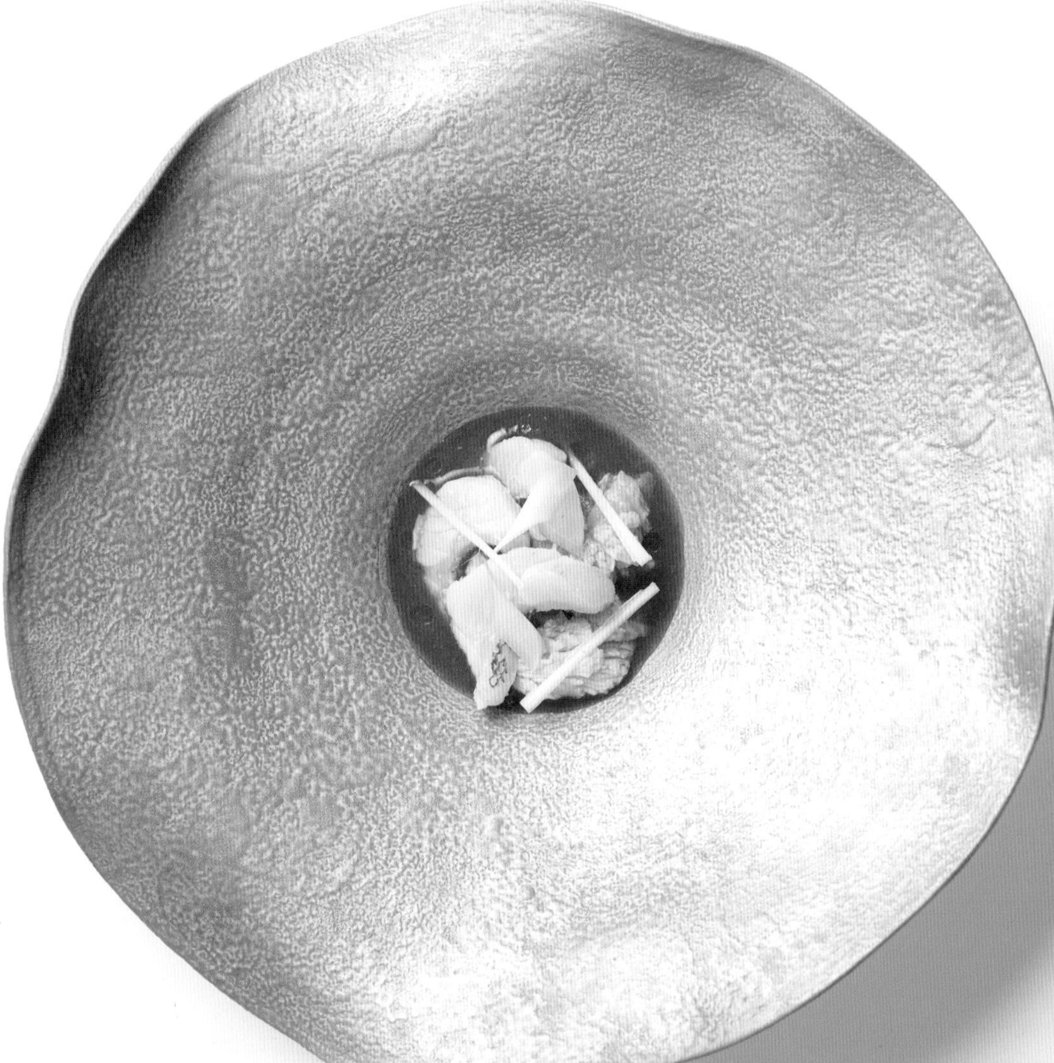

キンキ／毛ガニ
赤パプリカ／トマト／苺

オホーツク海で揚がったキンキと毛ガニを湯引きして、鮮烈な赤色のジュと合わせた。ジュは赤パプリカ、トマト、苺のジュースを蒸留器の一種である「ロータリー・エバポレーター」にかけて水分をとばし、風味を濃縮したもの。その酸味でキンキの油脂分を緩和する。「逆側のフラスコに落ちた無色の液体には素材の香りが抽出されており、これを泡などにすることも可能です」。

1

2

3

4

5

6

7

8

［材料］

赤パプリカのジュ

パプリカ…4個
トマト…4個
苺…10個
塩…野菜の重量の1%
砂糖…野菜の重量の1%

毛ガニ

毛ガニ…1杯
昆布だし…適量

［つくり方（→補足レシピ203頁）］

赤パプリカのジュ

❶ パプリカ、トマト、苺を適宜の大きさに切る。パプリカは筋をとる。塩と砂糖をふる（Ph.1）。
❷ ①をスロージューサーにかける（Ph.2）。
❸ ②でとったジュースをナス型フラスコに入れ（Ph.3）、エバポレーター*にかけて35℃・80回転／分で減圧する（Ph.3, 4）。ナス型フラスコに残った濃縮したジュースを使用する（Ph.6）。

毛ガニ

❶ 毛ガニは生の状態で身を外し、足を昆布だしでさっとポシェする（Ph.7）。
❷ 氷水に浸けて身を開かせる（Ph.8）。

＊エバポレーター（ロータリー・エバポレーター）は、フラスコ内に液体を入れ、減圧することで蒸留をうながす化学機器。液体を入れたナス型フラスコを恒温槽に浸けて加熱しながら回転させ、真空ポンプで減圧・蒸留する。蒸留された無色透明の液体が受けフラスコに溜まり、ナス型フラスコには濃縮された原液が残る。

青りんごのように
カキえもん／厚岸ウイスキー

北海道・厚岸産の特大の牡蠣を2皿で提供する。ただし、牡蠣の殻に盛ったのは牡蠣のジュの泡と、牡蠣に似た香りがするオイスターリーフのみ。まずは牡蠣の香りを感じてもらった後、左手の器の生牡蠣を食べるようすすめる。生牡蠣はリンゴやライムのジュースに浸し、厚岸産ウイスキーと胡椒で香りづけ。「牡蠣と青リンゴ」という石井氏お気に入りの組合せを再構築した品だ。

1

2

3

4

5

6

7

8

［材料］

牡蠣（厚岸産カキえもん。大型のもの）…8個
大豆レシチン…液体100gあたり1.5g
オイスターリーフ…1枚
リンゴ…1個
キウイ…1個
ライム…1個
セロリ…1本
昆布だし（水出しのもの）
ウイスキー（厚岸蒸留所・
厚岸 NEW BORN FOUNDATIONS 1）
シブレットオイル
クレス
黒胡椒、塩…各適量

［つくり方］

❶ 牡蠣の殻を開け、中の液体を紙漉しする（Ph.1, 2）。その液体に、洗った牡蠣の身を浸けておく（Ph.3）。
❷ ①のジュをナス型フラスコに入れ、エバポレーターにかけて35℃・80回転／分で減圧する。ナス型フラスコに残った濃縮したジュをとり、大豆レシチンを加えて撹拌し、泡を作る（Ph.4）。
❸ リンゴ、キウイ、ライムの皮をむき、適宜の大きさに切る。セロリは適宜の大きさに切る。すべてをスロージューサーにかける（Ph.5, 6, 7）。
❹ 煮沸殺菌した牡蠣の殻に②の泡をのせ、オイスターリーフをあしらい、軽く塩をふる。殻を器にのせる。
❺ 別の器に③のジュースと少量の昆布だしを注ぎ、①の牡蠣を盛る。ウイスキー（Ph.8）、シブレットオイルをふり、クレスをのせ、黒胡椒をふる。

ボタンエビ／帯広山西農園産ゆり根“月光”

エストラゴン／茜色のクラリフィエ

3月に春の漁が解禁される噴火湾産ボタンエビ。その甘くねっとりしたニュアンスの生かし方を考えた結果、同じく甘みとねっとり感があるゆり根と合わせる仕立てに行き着いた。ボタンエビは昆布だしにさっとくぐらせ、ゆり根はバターでブレゼ。赤ピーマンとトマトでとったクリアなジュ「茜色のクラリフィエ」で酸味を、エストラゴンでさわやかな香りをそれぞれ添える。

1

2

3

4

5

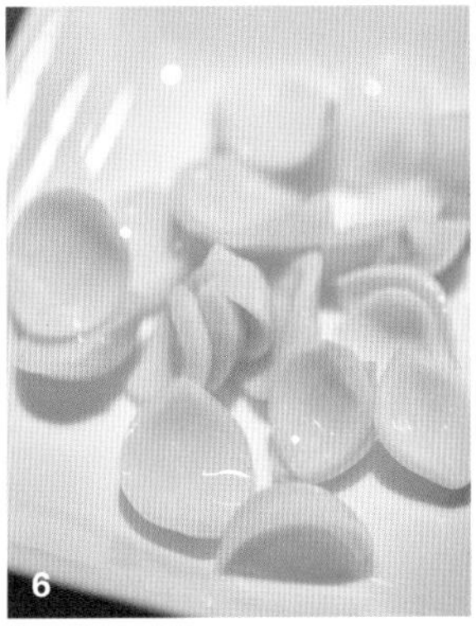
6

7

8

［材料］

茜色のクラリフィエ

トマト…4個
パプリカ…4個
塩…野菜の重量の1%
砂糖…野菜の重量の1%

ゆり根のバターブレゼ

ゆり根…1個
バター（有塩）
塩…各適量

［つくり方（→補足レシピ204頁）］

茜色のクラリフィエ

❶ トマトとパプリカを適宜にカットする。パプリカは筋を取る。砂糖と塩をふり（Ph.1）、スロージューサーにかける（Ph.2）。
❷ ①のジュースと搾り滓をともに鍋に入れて火にかけ、70℃を保って1時間加熱する（Ph.3）。液体と固体が分離してきたら火を止め、紙を敷いたシノワで漉す（Ph.4）。

ゆり根のバターブレゼ

❶ ゆり根を掃除し、鱗片をばらす（Ph.5, 6）。
❷ ①をバターとともに鍋に入れて熱し、蓋をして70℃で20分加熱する（Ph.7, 8）。塩で味をととのえる。

春の訪れ
数の子／フキノトウ／ホタテ

「無類の数の子好き」だという石井氏。春の始まりを感じさせる数の子のほのかな苦みに、フキノトウのフリットとオリーブオイルを合わせて「苦みつながり」で一皿にまとめた。自ら作陶した黄色い器に、数の子をはじめホタテ、黄パプリカとマンゴーのジュなどを盛って黄色い色調で統一。白い昆布のエスプーマがフリットの熱で徐々に溶ける様子で、雪解けの情景を表現する。

［材料］

数の子

ニシンの卵巣…2尾分
塩
一番だし（鰹昆布だし）…各適量

昆布のエスプーマ

昆布だし…150cc
昆布パウダー…1g
牛乳…50cc
生クリーム…100cc
板ゼラチン…1枚
増粘剤（シャンタナ）…0.5g

［つくり方（→補足レシピ204頁）］

数の子

❶ ニシンから卵巣を取り出し（Ph.1, 2）、飽和塩水に3日ほど浸ける（Ph.3）。
❷ 血合いと膜を取り除き、塩分濃度3％の塩水に一晩浸け直す。塩分濃度を2％、1.5％と徐々に落として塩抜きし、最終的に塩分濃度1％の一番だし（解説省略）に浸けて、完成（Ph.4）。
❸ 保管する場合は真空にかけ、冷凍保存する。

昆布のエスプーマ

❶ 鍋に昆布だしと昆布パウダーを入れて温める（Ph.5）。牛乳、生クリーム、水でもどした板ゼラチン、増粘剤を加え、ハンドミキサーで攪拌する（Ph.6）。漉す。
❷ ①をサイフォンに詰めて冷やし、提供時に絞ってエスプーマにする（Ph.7, 8）。

北海道の冬景色／一面の銀世界

ミュゼのサラダ・ヴァージョン2020

オープン以来15年間、日々変わり行く北海道の景色をモチーフに作り続けてきた「野菜のコンポジション」。今年の新作では初雪から雪解けまでの季節をテーマに一面の銀世界を描いた。ダイコン、カブ、じゃが芋、ゆり根、カリフラワーなど白い野菜をさまざまに調理し、ベルスの泡や生ハム、トマトとともに盛りつけた。引き立ての「鮭だし」を客席で注いで仕上げる。

［材料］

野菜とピュレ

（→205頁）…適量

ベルスの泡

ベルス*…適量
バター…20g
大豆レシチン…1.5g

＊ハナウド属のハーブ。初夏に収穫し、冷凍保存したもの

鮭だし

鮭節
じゃが芋の皮（ドライ）…各適量
鮭の一番だし*…200cc

＊鰹節の一番だしを引くのと同じ要領で、鮭節を用いて引いただし

仕上げ

生ハム…1枚
チーズ（興部チーズ）のすりおろし…適量

［つくり方（→補足レシピ205頁）］

野菜とピュレ

❶ 野菜類をピクルス、マリネ、ブレゼ、塩ゆでなどにする（Ph.1）。
❷ 同様に、白やグレーの野菜でピュレをつくる（Ph.2）。

ベルスの泡

鍋にベルス（Ph.3）とバターを入れて熱する（Ph.4）。アクをとり、火を止めて30分ほどアンフュゼする。漉し、大豆レシチンを加えて泡立てる。

鮭だし

コーヒーサイフォンの上のフラスコに鮭節とじゃが芋の皮を、下のフラスコに鮭の一番だしを入れて加熱し、鮭だしをとる（Ph.5, 6）

仕上げ

皿にごく薄くスライスした生ハム（Ph.7, 8）などのパーツをのせ（→205頁）、野菜とピュレ、ベルスの泡をのせる。客前で鮭だしを注ぐ。

循環／森から海へ

「森から海へ、海から森へと水が循環する自然の摂理」をテーマに、森を象徴するマッシュルームのエキスと、海を象徴する蒸したマダチ（真ダラの白子）を合わせた。温かなエキスから立ち上るマッシュルームの香りと、新鮮な白子のクリーミーさが渾然一体となり、陶酔的な味わいに。エキスをとった後に残るマッシュルームの滓は乾燥させてパウダーにし、仕上げにふりかける。

［材料］

マダチ

真ダラの白子…1尾分

キノコのブイヨン

マッシュルーム（とかちマッシュ）…500g
ミネラルウォーター*…500g
フルール・ド・セル…10g

*料理に使うミネラルウォーターはすべて、北海道京極町の「羊蹄のふきだし湧水」を使用

キノコのパウダー

「キノコのブイヨン」の搾り滓…適量

［つくり方（→補足レシピ205頁）］

マダチ

❶ 真ダラの白子の筋を取り、流水にさらす。氷水に浸けて冷蔵庫に1時間ほどおき、臭みをぬく。
❷ ①の水気をきり（Ph.1）、1人分（30g）ほどに分ける。網を敷いたバットにのせて60℃・湿度100％のスチコンで5分蒸す。

キノコのブイヨン

❶ マッシュルームをスライスし（Ph2, 3）、ミネラルウォーター、フルール・ド・セルとともに袋に入れて真空にかける。100℃、湿度100％のスチコンで1時間蒸す（Ph.4）。
❷ ①を漉し、必要な分を鍋にとって温める（Ph.5）。搾り滓は取りおく。

キノコのパウダー

❶ キノコのブイヨンをつくる際に出た搾り滓の水気をよくきり（Ph.6）、食品乾燥機でカラカラに乾燥させる（Ph.7）。
❷ ①をミルサーで粉砕してパウダーにする（Ph.8）。

噴火湾フグ／そのヴァリエーション

ル・ミュゼでは冬の間、フグ尽くしコースも手掛ける。ここではフグからとれる「強烈に濃いだし」と酒蒸しした白子でピュレを作り、皮から出るゼラチン質で自然に固めてブランマンジェにした。白子を日本酒で蒸すのは「ワインだと酸が邪魔をする」という理由からで、酒くさくならない量に抑えるのがポイント。身は蒸して、サフラン風味のブール・クラリフィエを合わせた。

［材料］

フグのコンソメ

フグ（ガラと皮）…1尾分
ミネラルウォーター…適量
日本酒
昆布だし…各少量

フグのブランマンジェ

フグの白子…1尾分
日本酒…少量
フグのコンソメ…適量

［つくり方 （→補足レシピ205頁）］

フグのコンソメ

❶ フグをさばく（Ph.1）。ガラと皮を使用する（Ph.2）。
❷ 皮は湯引きし、氷水に落とす（Ph.3）。歯ブラシなどでこすり、よくぬめりをとる。
❸ 鍋にフグのガラと皮を入れ、ミネラルウォーター、日本酒、昆布だしを張る（ひたひたの量が目安）。火にかけ、沸いたらアクを念入りにとり、30分ほど煮出す（Ph.4）。
❹ 紙漉しする（Ph.5）。一部は器に流し、冷蔵庫で冷やし固める（Ph.6）。一部は取りおき、フグのブランマンジェに使用する。

フグのブランマンジェ

❶ 鍋に日本酒を熱し、適宜に切ったフグの白子を2分ほど蒸し煮にする（Ph.7）。
❷ ①とフグのコンソメを1：1の割合で合わせ、ハンドミキサーで撹拌する（Ph.8）。漉して冷やしておく。
❸ フグのコンソメを流し固めた器に、②を注ぐ。

海／モノトーンを描いて

蝦夷鮑／椎茸

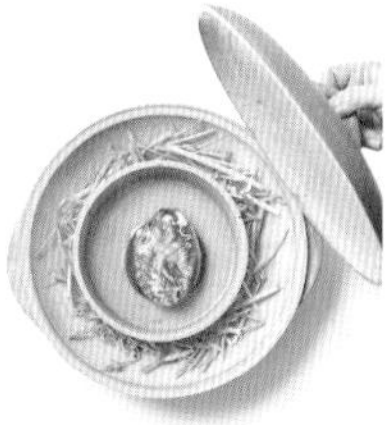

蒸しアワビと焼き椎茸を合わせたこの品は、「火入れと素材のクオリティがすべて」。椎茸は肉厚で芯が太く、味が濃いものを使う。椎茸にアワビに負けない存在感があるからこその料理だ。殻ごと蒸したアワビをお客に披露してから、漆黒の海を思わせるモノトーンの盛りつけで提供。ソースは、アワビの肝にコブミカンやタカノツメを合わせており、東南アジア風の味わい。

［材料］

蒸し鮑

エゾアワビ…1個

ソース

昆布だし…300cc
日本酒…60cc
エゾアワビの肝（蒸したもの）
ショウガ（薄切り）…2枚
コブミカンの葉…2枚
タカノツメ…2本
バター…30g
竹炭…小さじ1
乳化剤（シュクロエミュル）…小さじ1

［つくり方（→補足レシピ206頁）］

蒸し鮑

❶ エゾアワビのひだを中心に、歯ブラシで軽くこすって表面を掃除する（Ph.1）。
❷ 網を敷いたバットに①を殻を下にしてのせ、ラップをかけて80℃・湿度100%のスチコンで13分蒸す（Ph.2, 3）。
❸ 殻から身を外し、掃除して縦に二等分する。肝は取りおく。

ソース

❶ 鍋に昆布だし、日本酒、エゾアワビの肝、ショウガ、コブミカンの葉、タカノツメを入れて火にかける（Ph.4）。
❷ 沸いたらアクを取り、バターを加える。バターが溶けたら火を止め、そのまま30分アンフュゼする（Ph.5）。
❸ ハンドミキサーで撹拌し（Ph.6）、漉す。
❹ ③に竹炭と乳化剤を加え（Ph.7）、ハンドミキサーで泡立てる（Ph.8）。

土のグラデーション
ゴボウ／札幌黄のラヴィオリ

じっくりとスュエした中富良野産の極太ゴボウのピュレと、玉ねぎとチーズのラヴィオリを盛った器に、ゴボウと牛乳、2種の泡をのせ、熱々の雉のコンソメを注ぐ。「だしに味噌を溶いて、沸騰する手前で完成する味噌汁のイメージ」（石井氏）で仕立てた品だ。器の中で地層のように重なったさまざまな要素をスプーンですくい、口に入れるたびに表情の異なる味わいが生まれる。

［材料］

ゴボウのピュレ

ゴボウ（北海道中富良野産）…3本
エシャロット（薄切り）…100g
フォン・ブラン
発酵ニンニク（ペースト）
雉のコンソメ
オリーブオイル…各適量

ゴボウのエッセンスの泡

ゴボウの皮…1本分
ミネラルウォーター…200cc
大豆レシチン…3g

［つくり方（→補足レシピ206頁）］

ゴボウのピュレ

❶ ゴボウを洗って皮をむき（Ph.1）、薄切りにする。皮は取りおく。
❷ 鍋にオリーブオイルを熱し、エシャロットをソテーする。薄切りにしたゴボウを加え（Ph.2）、ゴボウのかさが半分程度になるまでスュエする。
❸ ②にフォン・ブランを注ぐ（Ph.3）。沸いたらアクをとり、十分に煮込む。発酵ニンニクを加える。
❹ ③のゴボウをミキサーにかけ、ピュレにする（Ph.4, 5）。温めた雉のコンソメでのばして濃度を調整する。

ゴボウのエッセンスの泡

❶ ゴボウの皮を200℃のオーブンで20分ほど焼く（Ph.6）。
❷ ①とミネラルウォーターをナス型フラスコに入れ、エバポレーターにかけて35℃・80回転／分で減圧する（Ph.7）。受けフラスコに溜まったゴボウ風味の透明な水を使用する（Ph.8）。
❸ ②に大豆レシチンを加えて泡立てる。

蝦夷バフンウニ／生ノリ／香深昆布

ル・ミュゼでは水出しと煮出しの2種の昆布だしを用途に応じて使い分けている。品質の高さで知られる礼文島産香深昆布は水出し専用。ここではクリアで香り高い水出しの昆布だしにウニをくぐらせるだけのシンプルな調理で、「異次元のおいしさ」を表現した。生ノリとハーブの泡をのせたウニを、左の器の卵黄入り大麦リゾットに混ぜて、「ウニ丼」にして食べるようすすめる。

1

2

3

5

6

7

8

［材料］

昆布と生ノリのソース

昆布ウォーター…50cc
- 昆布(香深昆布)[*1]… 40g
- ミネラルウォーター… 1ℓ
- 塩…10g

増粘剤(シャンタナ)…0.2g
生ノリ …適量

仕上げ

エゾバフンウニ…4個
昆布ウォーター
ハーブの泡[*2] …各適量

*1 礼文島香深産の昆布。日本料理の一番だしに用いられるタイプのもの
*2 季節のハーブと水をエバポレーターにかけて蒸留し、大豆レシチンを加えて泡立てたもの

［つくり方(→補足レシピ206頁)］

昆布と生ノリのソース

❶ 昆布ウォーターをつくる。ミネラルウォーターに塩を溶かし、昆布を入れる。二晩冷蔵庫において水出しする(Ph.1, 2)。昆布を引き上げる。
❷ ①を鍋にとり、温める。増粘剤で濃度をつけ、生ノリを加え混ぜる(Ph.3)。

仕上げ

❶ エゾバフンウニの殻をむいて身を取り出す(Ph.4, 5)。昆布ウォーターに浸けておく(Ph.6)。
❷ ①のウニの水気をきり(Ph.7)、殺菌したウニの殻に詰める。昆布と生ノリのソースを流し(Ph.8)、ハーブの泡をのせる。

エキゾチック
アンコウ／ココナツミルク／ライム

「数年前にバンコクでタイ料理にふれて以来、さまざまな北海道産素材をトムヤムクンにアレンジしている」という石井氏。158頁のアワビのソースもその一環だ。本品では蒸したアンコウを器に盛り、シブレットオイル、鶏醤、ライムのジュ、ショウガ汁を点描。エビのジュにコブミカンの葉とカイエンヌペッパーで風味をつけた「ソース・トムヤムクン」を客前で注いで仕上げる。

［材料］

アンコウのヴァプール

アンコウ…1尾
塩…適量

ソース・トムヤムクン

ジュ・ド・クルヴェット
- エビ（アマエビ、ボタンエビなど）…2kg
- ニンニク…4片
- オリーブオイル
- ミルポワ（ニンジン、玉ねぎ、セロリ）…適量
- 白ワイン…1本
- 水…適量

カイエンヌペッパー、
コブミカンの葉、塩…各適量

［つくり方（→補足レシピ207頁）］

アンコウのヴァプール

❶ アンコウをさばく。上身から筋や膜を取り除き、塩をして脱水シートで包む（Ph.1）。一晩冷蔵庫でねかせる。
❷ ①を5cm四方、厚さ1.5cmほどに切り（Ph.2）、70℃・湿度100％のスチコンで3分蒸す（Ph.3）。

ソース・トム・ヤム・クン

❶ ジュ・ド・クルヴェットをつくる。エビを200℃のオーブンで香ばしく焼く（Ph.4）。
❷ オリーブオイルを熱した寸胴鍋でニンニクを炒め、①を加えてつぶしながら炒める（Ph.5, 6）。
❸ 全体がなじんだらミルポワを加え、白ワインと水を注いで沸かす。アクをとり、2時間ほど煮出す（Ph.7）。
❹ 漉してカイエンヌペッパーとコブミカンの葉を加え、アンフュゼする。塩で味をととのえ、再度漉す（Ph.8）。

デニム／グレーのニット／ネイビー

石井氏が好きなファッションのコーディネートをモチーフに、あえて「料理的ではないビジュアル」を模索した意欲作。デニム調の自作の器に、竹炭で色づけしたじゃが芋のムース、キャヴィア、じゃが芋を盛り、バタフライピー茶葉を用いた青いソースを張った。異彩を放つ見た目に反して、味は誰もがおいしいと感じる安心感のあるもの——その対比が新たな驚きを生む。

［材料］

ネイビーのソース

じゃが芋（熟成メークイン）の皮
ミネラルウォーター
バタフライピー*
熱湯…各適量

＊マメ科の植物チョウマメの花を乾燥させたもの。ハーブティーとして用いられることが多く、煎じると鮮やかな青色が出る

仕上げ

じゃが芋（→207頁）
キャヴィア
グレーのムース（→207頁）…各適量

［つくり方（→補足レシピ207頁）］

ネイビーのソース

❶ じゃが芋の皮をむく（Ph.1）。皮を200℃のオーブンでカラカラに乾かすように焼く（Ph.2）。
❷ ①の皮とミネラルウォーターをナス型フラスコに入れ、エバポレーターにかけて35℃・80回転／分で減圧する（Ph.3）。ナス型フラスコに残った液体を、紙漉しして使用する（Ph.4）。
❸ バタフライピーを熱湯に浸けてアンフュゼする（Ph.5）。
❹ 青い③に茶色い②をブレンドすると青灰色に変色するので、小皿などで色合いのバランスを試しておく（Ph.6）。

仕上げ

❶ 皿にじゃが芋、キャヴィア、グレーのムースを盛る。
❷ ①にまず青い液体を流し（Ph.7）、茶色い液体を少量ずつたらして、色がネイビーになるように調整する（Ph.8）。

ニュアンスを重ねて
エゾシカ／牡蠣

「エゾシカの赤身肉はクジラ、あるいはマグロに似ている」（石井氏）ことから、「魚料理をつくるのと同じ発想で組み立てた」という一品。エゾシカの腿肉は真空調理してから薪の熾火で炙って軽い燻製に。アイヌに伝わるスパイスであるシケレペの香り、レモンの酸味、牡蠣の磯の香りなどさまざまな「ニュアンス」を重ねて、エゾシカの血の香りと軽やかな食感を浮き上がらせた。

［材料］

エゾシカ

エゾシカ肉（シンタマ）
オリーブオイル
塩…各適量

シケレペの泡

シケレペの実*…15g
ミネラルウォーター…200cc
大豆レシチン…3g

＊キハダの実。アイヌ料理に欠かせないスパイスで、乾燥した実を煮物料理に、皮を煎じて胃薬に、とさまざまに用いられた

［つくり方（→補足レシピ207頁）］

エゾシカ

❶ エゾシカの腿肉をさばき、シンタマを切り出す（Ph.1, 2）。1人分のポーション（約50g）に切り分ける。
❷ ①に塩をふり、オリーブオイルをぬったラップで包み（Ph.3）、袋に入れて真空にかける。
❸ 50℃のスチコンで40分加熱し（Ph.4）、提供前に表面を薪の熾火で炙る。

シケレペの泡

❶ シケレペの実を叩いて砕く（Ph.5, 6）。
❷ ナス型フラスコに①とミネラルウォーターを入れてエバポレーターにかけ、35℃・80回転／分で減圧する（Ph.7）。受けフラスコに溜まった透明な液体を使用する（Ph.8）。
❸ ②の液体に大豆レシチンを加え、ハンドミキサーで泡立てる。

VI／

私の前菜論

新たな料理の発想法や注目している技術、
コースの組み立て方と、その中で前菜が担う役割……。
現代の前菜のあり方を、5氏に聞いた。

LIONEL BECCAT

ESqUISSE

リオネル・ベカ

1976年、フランス・コルシカ島生まれ。南仏で育つ。ロアンヌの「トロワグロ」を経て、2006年に来日。「キュイジーヌ[s]ミッシェル・トロワグロ」（東京・新宿。現在閉店）の開業時よりシェフを務める。2012年「エスキス」のオープンと同時にエグゼクティブ・シェフに就任。

—

エスキス

東京都中央区銀座5-4-6 ロイヤルクリスタル銀座9F
Tel. 03-5537-5580
https://www.esquissetokyo.com

Q. コースの中で前菜の位置づけは？

夜のコースは前菜5品、魚料理、肉料理、チーズ、プレデセール、デセール、小菓子という構成。このうち、前菜は料理人が個人の感覚で世界を表現できる場所だと考えています。

魚料理や肉料理は主素材、付合せ、ソースといったパーツごとの役割が明確に決まっていて、料理として「こうあるべき」という厳密なルールがあります。いわば、地に足のついたおいしさが求められます。しかし前菜は、より自由。味にも仕立てにも盛りつけにも、ルールは存在しません。"人生のようにバラエティに富んでいていい"のが前菜です。

ただし、あまりに行きすぎた自己表現は私は好きではありません。情報が多くなりすぎると、食べる人を混乱させてしまいますから。我々料理人は、あくまでもアルティザン（職人）。常においしさをベースにすることを心がけています。

加えて、今後は食材や料理の背景——地球に対してどれだけやさしい生産法／調理法か——といったことへの理解と配慮がさらに重要になるでしょう。時代、技術、社会、文化の変化を受けて、前菜も進化することを意識する必要があります。

Q. 前菜で大切にしていることは？

頭の中には常にアイデアがあり、どれがいいアイデアか選別するところから料理を始めます。方針が決まったら、あとは直感を信じてつかみとるのみです。

たとえば、「直感｜ホタテとロックフォール」は新宿・思い出横丁の居酒屋で食べたホタテの炉端焼きに感動して発想しました。ホタテが繊細な高級食材として扱われるフランスでは考えられない、荒々しい料理。そこに魅力を感じ、レストランの料理にしたいと思いました。また、「変換｜イカとからすみ」は、発酵をキーワードに、私のルーツである南仏の海と日本の海をつなぎ、「海のシャルキュトリー」をつくろうとした品です。

私のベースにあるのはフランスの「トロワグロ」時代、（冷前菜を担当する）ガルドマンジェでの経験です。ここで素材ごとの味や食感の違いを体感し、適切な距離感をもって一皿の中に共存させる術を学びました。若い料理人の多くはロティスールやソーシエに憧れガルドマンジェの仕事をいやがるものですが、大きな間違いです。素材とふれ合い、カットし、マリネし、加工する……そうした大切な技術が詰まったセクションなのですから。かつてピエール・トロワグロが言ったように、「いいガルドマンジェ無くして、いいレストラン無し」なのです。

KEN
KUDO

Maison Lafite

工藤 健

1976年、福岡・那珂川町（現・那珂川市）生まれ。中村調理製菓専門学校を卒業後、同市内のホテルやフランス料理店で修業。独立準備中の2006年に渡仏し、フランス・ロレーヌ地方の一ツ星店で1年間経験を積む。帰国後の2008年、新幹線博多南駅から車で20分ほどの自然に囲まれた高台に、「メゾン・ラフィット」を開業。

—

メゾン・ラフィット
福岡県那珂川市大字西畑941
Tel. 092-953-2161
http://maisonlafite.web.fc2.com

Q. コースの中で前菜の位置づけは？

前菜は、自分自身をいちばん表現できる場所です。料理の温度帯も色使いも自由で、一つのコースの中で、小ポーションでいろいろな試みができます。

当店の夜のコースでは最初に小さなスナックを4品お出しします。次に小鉢の前菜1品、皿に盛った前菜が4品ほど続きます。徐々に「料理っぽさ」を高めていくのですが、スナック〜小鉢の品数を多くするほど、お客さまに楽しんでもらえるという印象があります。

スナックは以前、エル・ブジの影響を受けてつくりはじめたもの。自分でもそのうち飽きるかなと思っていましたが、食材の組合せが無限にあり、新しいアイデアを試すのが楽しくて、開業から12年経ってもまだ飽きません（笑）。生地自体に工夫を凝らしたり、素材のエキスだけを抽出して味わっていただいたり……このパートでお客さまを虜にしたいと思っています。

レストランの料理、とくに前菜には「おいしい」に加えて＋αが必要です。そして、もしも魚料理が和風の餡かけだったら、お客さんは「これ、日本料理だよね？ なんで？」となってしまいますが、前菜なら、和風でも中華風でもイタリアンでも、好きな要素を取り込める。実際、私は鰹だしも素麺もパスタも使います。

Q. 前菜で大切にしていることは？

流れの中で「物語」をつくることです。自分がつくりたい料理を好きにつくるだけでは、物語になりません。皿ごとに役割を明確にし、時にはあえて味のバランスを崩すようなことも必要です。それぞれの皿をバランスよく整えすぎると、同じような印象の料理が続くことにもなりかねませんから。

私は、安納芋やトウモロコシ、フォワグラなどを使った「甘い料理」をコースの中に1皿組み込むことが多いです。本能的に塩味を加えたくなるところですが、ぐっとこらえて甘み主体で構成するんです。そうすると流れにメリハリがつきますし、前後の皿も含めてお客さまの印象に強く残るようになります。

他にルールがあるとすれば、「フランス料理」の枠からはみ出ないことでしょうか。自由につくる、というのと矛盾するように思われるかもしれませんが、これはフォンをちゃんと引くとか、肉の下処理をしっかりするとか、そういう「仕事のベースとしてのフランス料理」のことです。そうした水面下のフランス料理らしさと、自分の創作性、そして自然に囲まれ、食材に恵まれた福岡県那珂川《なかがわ》というこの場所のすべてが揃ってこその「工藤の料理」だと思っています。

HIROYASU KAWATE

Florilège

川手寛康

1978年、東京・調布市生まれ。洋食店のシェフだった父の影響で、高校の食物科に進学。「ル・ブルギニオン」（東京・六本木）などを経て渡仏し、帰国後は「カンテサンス」（同・白金台。現在は御殿山に移転）のスーシェフを務める。2009年に「フロリレージュ」を開業し、2015年外苑前に移転。2018年には台湾・台北に「logy」を出店。

—

フロリレージュ

東京都渋谷区神宮前2-5-4 SEIZAN外苑B1
Tel. 03-6440-0878
https://www.aoyama-florilege.jp

Q. コースの中で前菜の位置づけは？

世界のガストロノミーの潮流を見ると、前菜、主菜という区別はすでになくなりつつあります。私自身もメイン料理に向けて前菜で盛り上がりを作ろうという感覚はなくて、これまでのフランス料理の枠組みが根本的なところで崩れていったような感覚があります。

とはいえ、フロリレージュではこれまでもお客さまごとに料理の内容や順番を変えるのが当然でした。重めの料理が好きな方なら、最初のほうにしっかりした味の皿を持ってくることもめずらしくないですし、コースを通してお客さまに満足していただくという目的自体は変わらないので戸惑いはありません。

私にとっては、「前菜はこう」とルールを決めるより、どのお客さまに、いつ、何をお出ししたか、どんな反応だったかをすべて記録することのほうが大切です。ただし、料理のレシピは残しません。一度完成した料理も、同じように見えて少しずつ違うテイスト、違うスタイルを取り入れて変化します。しかしレシピを作ると、それに縛られて料理に対して自由度がなくなってしまうからです。また、最近は発酵、熟成といった自然の力を活用しており、状態に応じて臨機応変に味を調整することが多いのもレシピがない理由です。

Q. 前菜で大切にしていることは？

前菜に限らずですが、料理とカクテルのペアリングと、そこから生まれる香りの表現に興味があります。お互いに共通する香りを探すのか、料理にない香りをカクテルで補うのか……お互いの主張が重なり合って、相乗効果を生むような組合せを探すのが楽しいですね。料理人はこれまで嗅いできた香りの蓄積が膨大ですから、香りから入るのがとっつきやすいと思います。

カクテルは素材の苦み、旨み、酸味、甘味にアルコールが加わることで奥行きと落ち着きが生まれます。ノンアルコールカクテルの場合、その重石がない分、構成が難しく、バランスをとるには何かを突出させる必要があります。タンニンの渋みであったり、蜜のような甘味だったり、液体の濃度や温度であったり……。旨みを高めるのも手ですが、動物性のだしを足すと「スープ」になってしまうので、ヨーグルトや甘酒、中国茶や紅茶など、発酵性の旨みに注目しています。

ペアリングはミクソロジスト（編注／撮影当時は大場文武氏）と相談しながら、他にはない組合せを探していきます。お客さまの目の前でシェイカーをふってカクテルをつくるという演出も含めて、料理の幅だけでなく、「食体験の幅」も確実に広げてくれると思います。

HIDEYUKI SHIBATA

La Clairière

柴田秀之

1979年、北海道・留辺蘂町（現・北見市）生まれ。1999年「モナリザ 恵比寿本店」（東京・恵比寿）に入店。2006年に渡仏し、「グラン・ヴェフール」（パリ）などで1年修業。帰国後、「ランベリー」（東京・表参道。現在は西麻布に移転）などを経て、「モナリザ 丸の内店」「モナリザ 恵比寿本店」の料理長を歴任。2016年に「ラ クレリエール」を開業。

—

ラ クレリエール

東京都港区白金3-14-10
Tel. 03-5422-6606
https://www.la-clairiere.tokyo

Q. コースの中で前菜の位置づけは？

当店の夜のコースは9品、12品、事前予約制のおまかせの3本です。ご注文をいただくことが多いおまかせコースを例にとると、基本的な構成はアミューズ2品に続いて前菜を4品提供し、魚料理、肉料理、デザートという流れになります。もちろんお客さまの要望応じて構成は変わりますが、前菜ではさまざまな味や食感を織り交ぜて驚きや楽しさを感じていただく、という基本的な姿勢は変わりません。

4品お出しする前菜を通して、メイン料理へと自然につながる流れをつくるように意識します。たとえば、前菜1品目は冷たくツルンとしたもの、2品目で酸味を強めにきかせ、3品目はクリーム系でややこってり、4品目はその日の魚料理にスムーズにつながるような味わいを、という感じです。

もう一つ、私は普段から、自分がつくった料理の特徴を書き出して、リスト化するようにしています。稚鮎のフリットなら「苦」と「食感」、オマールとアスパラなら「香」「旨」「青」というように漢字一文字か二文字で端的に書き留めておくんです。新しいコースを組む際にこれを見返すと、不足している要素や過剰な要素がひと目でわかるので、とても便利です。

Q. 前菜で大切にしていることは？

季節を届けることです。春のアスパラガスやトリ貝、夏の鮎、秋のキノコに冬の蟹やジビエ……。生産者さんや業者さんから「ぜひこれを使ってほしい」と託された食材の力を、お客さまにしっかり伝えたいと常に思っています。

とはいえ、短い旬をとらえて最高の料理をつくるのは至難の業です。たとえば万願寺トウガラシがおいしい時期は1年のうち1ヵ月程度。その間に料理が完成すればいいですが、納得がいかず2年越し、3年越しの挑戦になることもありますから。それでも、やはり当店でなければ食べられない料理をつくりたいという気持ちになります。ハモや天然ウナギも扱ってみたいのですが、まずは牡丹鱧や蒲焼き以上に感動してもらえるフランス料理を作らねば……。お客さまにお出しできるようになるには、もう少し時間がかかりそうです。

私にとっては季節の食材を、お客さまのためにおいしく調理するというのがすべてのベースです。「ラ クレリエールの料理はトラディショナルだ」と言われることが多いですが、自分ではあまりそういう意識はありません。目的に応じて伝統的な技法を使うこともあれば、新しい試みをすることもある、というのが本当のところです。

MAKOTO ISHII

Le Musée

石井 誠

1973年、北海道・岩見沢市生まれ。札幌市内のホテルに勤務した後、1995年に渡欧。1年間にフランス、イタリア、スペインを巡り、料理とアートにふれる。「レストラン エノテカ札幌」シェフを経て、2005年「ル・ミュゼ」を開業。2020年6月に改装を行い、「絵画、陶芸、料理、すべての表現を創作する空間」へとリニューアルした。

—

ル・ミュゼ

北海道札幌市中央区宮の森1条14-3-20
Tel. 011-640-6955
http://www.musee-co.com

Q. コースの中で前菜の位置づけは？

北海道の生態系と自然観を表現するアミューズにはじまり、私がライフワークとして足を運ぶ「森」、そして森と対を成す「海」を投影した料理をコースの前半に4品ほどお出しします。そして開業時からつくり続けているサラダ、メインというのが基本的な流れです。

アミューズの主役は、キノコです。これは私が地元の森とそこに生えるキノコを純粋に好きということもあるし、ここ札幌・宮の森という場所にお越しいただいたお客さまに、「非日常」へとスイッチを切り替えていただく瞬間をつくりたいという意味も込められています。一気にル・ミュゼの世界観へと引き込むため、アミューズでは空間全体を使った演出をほどこしています。

料理の位置づけという点では、「前菜とメインは別物」という考えはほとんどありません。重要なのは、皿の中にリズムがあり、素材の透明感を引き立てられているかどうか。これは前菜だけでなく、魚料理や肉料理にも共通する価値観です。コースを組む際は「前菜はこう、主菜はこう」と決めるのではなく、何を食べてほしい料理かという“点”と、どういう趣旨のコースなのかという“線”を組み合わせて、その時々でもっともよい“打順”を決めていくイメージです。

Q. 前菜で大切にしていることは？

前菜に限らずですが、ピュアな料理であること。そのためには料理のベースになる水と塩が生命線で、水は羊蹄山の麓で湧き出す「京極のふきだし湧水」、塩は道南の熊石町で製塩される「釜炊き一番塩」と決めて、道外でのイベントの際も持参します。

野菜やフルーツを搾るのにスロージューサーを多用したり、レストランではめずらしいロータリー・エバポレーターを導入したのも、もっと素材の健康的な持ち味を引き出したいと考えたからです。以前から、植物のエキスをとる時に何でもかんでもミキサーにかけるのは正しいのか、疑問に思っていました。粉砕力はすごいけれど、撹拌時の熱や大量の空気による酸化で、素材の繊細さが失われてしまうのでは？ と。実際に飲み比べると、スロージューサーやエバポレーターでとったジュースはとにかくおいしく感じます。

エバポレーターは蒸留による抽出と濃縮、二通りの使い方ができるので、無色透明な液体で香りだけを生かすなど、料理の幅も広がりました。同じ季節、同じ色のさまざまな野菜、フルーツ、ハーブを組合せてつくるジュースの種類は無限にありますし、肉や魚と合わせても相性がいい。大きな可能性を感じています。

VII／

RECIPES

変換｜イカとからすみ

Transformation ｜ *Calamar et poutargue*

（カラー10頁）

—

［つくり方］

黄桃のマリネ

❶ マリナードをつくる。ヴェルジュ、スターアニス、コリアンダーシード、黒粒胡椒、フヌイユのスライスを鍋に合わせて沸騰させる。火を止め、20分アンフュゼする。漉す。
❷ 黄桃の皮をむき、①とともに袋に入れて真空にかける。1日マリネする。

仕上げ

❶ 黄桃のマリネを適宜に切り、フルール・ド・セル、馬告、オリーブオイルで調味する。
❷ ①を皿に盛り、イカとからすみ（→11頁）を2枚のせる。

熟考｜稚鮎とタデ

Réflexion ｜ *Chiayu et tadé*

（カラー12頁）

—

［つくり方］

鮎蓼

タデのペースト、レモンオイル、塩、白胡椒、自家製マスカルポーネを混ぜる。

マンゴーと黄ズッキーニのチャツネ

❶ 黄ズッキーニをブリュノワーズに切る。1.5％の塩水に1時間浸ける。
❷ 水気をきった①、ブリュノワーズに切ったマンゴー、パッションフルーツ果汁、レモン汁、塩、白胡椒を混ぜる。

仕上げ

❶ 皿に鮎蓼をぬり、稚鮎（→13頁）をのせる。
❷ マンゴーと黄ズッキーニのチャツネを添える。

叙情｜フォワグラとキノコ

Lyrisme ｜ *Foie gras et champignon*

（カラー14頁）

—

［つくり方］

マッシュルームのジュレ

❶ スライスしたマッシュルームと1/10量の水を袋に入れて真空にかける。
❷ ①を85℃のスチコンで3時間加熱する。漉す。
❸ ②を鍋にとり、3/4量になるまで煮詰める。1.5％量の板ゼラチンを加え、冷やし固める。

酒粕パウダー

❶ 酒（寺田本家「醍醐のしずく」）、酒粕（同）を同量ずつ合わせて湯煎にかけ、混ぜる。
❷ ①をシルパットに流し、食品乾燥機で乾燥させる。
❸ ②が乾いたらミルサーにかけてパウダーにする。

大根おろし

ダイコンをおろし、水気をきって布で包む。酒（寺田本家「醍醐のしずく」）と酒粕（同）を合わせた漬け床でマリネする。

仕上げ

❶ 器に大根おろしを敷き、ショウガのコンフィ（解説省略）とマッシュルームのジュレをのせる。酒粕パウダーをふる。
❷ フォワグラのムース（→15頁）を盛り、ごく薄くスライスしたマッシュルームを飾る。

調和｜バターナッツかぼちゃとイクラ

Harmonie | Butternut et ikura

（カラー 16頁）

—

［つくり方］

ミカンのマリネ

❶ マリナードをつくる。白ワイン（ヴィオニエ）、白バルサミコ酢、黒粒胡椒、ねずの実、ローリエを合わせて沸かす。20分アンフュゼし、漉す。
❷ ①を再度沸かし、わたを取ったミカンにかけてマリネする。

フロマージュ・ブラン風味のバターナッツ

❶ バターナッツの皮をむき、適宜に切る。
❷ 塩で味をととのえたフロマージュ・ブランとともに袋に入れ、真空にかける。
❸ 80℃のスチコンで20分加熱する。氷に当てて急冷する。

燻製乳の泡

燻製にかけた牛乳と甘酒を合わせてハンドミキサーで泡立てる。

仕上げ

バターナッツのブランマンジェを流し固めた器（→17頁）に燻製乳の泡を流し、ミカンのマリネ、フロマージュ・ブラン風味のバターナッツ、イクラの醤油漬け（解説省略）を盛る。

純粋｜大豆とジロール茸

Pureté | Soja et girolles

（カラー 18頁）

—

［つくり方］

サワークリーム

水切りしたサワークリーム、マッシュルームのグラス*、白醤油を混ぜる。

＊「叙情｜フォワグラとキノコ」で用いたマッシュルームのジュレのベースを煮詰めたもの

カボチャのピュレ

❶ カボチャの上端を切り落とし、種を抜く。熱々に熱したマルサラと澄ましバターを合わせて注ぎ、アルミ箔で蓋をする。
❷ 240℃のオーブンで20分ローストし、220℃に下げてさらに45分ローストする。温かな場所に2時間おいてなじませる。
❸ ②のカボチャの果肉を取り出す。マリナード（鶏だし、マスタード、醤油、マルサラ、塩を合わせたもの）とともに袋に入れて真空にかけ、90℃のスチコンで10分加熱する。氷水にあてて急冷する。

ジロール

❶ 掃除したジロールをバターでソテーする。
❷ 野菜のシュック（解説省略）を加えてデグラッセし、オニオンパウダー、パセリのアッシェをふる。塩で味をととのえる。

燻製ラルドのソース オーヴェルニュ風

❶ 鶏のコンソメにマッシュルームのグラスを加えて3/4量になるまで煮詰める。
❷ ①に燻製ラルドとラルド・ディ・コロンナータを加えてアンフュゼする。漉す。
❸ ②に生クリーム、マルサラ、ジュ・ド・トリュフを加えて沸かし、塩と白胡椒で味をととのえる。ハンドミキサーで泡立てる。

仕上げ

❶ 器にサワークリームとカボチャのピュレを盛る。ジロールをのせ、トリュフ風味の赤ワインソース（解説省略）をかける。
❷ 豆腐（→19頁）を静かにのせ、燻製ラルドのソース オーヴェルニュ風を流す。

伝統｜羊乳とウニ

Tradition | Lait de brebis et oursin

（カラー 20頁）

—

［つくり方］

金柑のマリネ

❶ マリナードをつくる。白ワイン（ゲヴュルツトラミネール）、シードルヴィネガー、ローリエ、馬告を合わせて沸かす。
❷ 金柑を二等分して種を抜く。熱い①をかけてマリネする。
❸ ②の金柑を細かく刻み、ヴェルジュと白胡椒で味をつける。

仕上げ

❶ 器にオレンジオイルを流し、凝乳（→ 21頁）を盛る。ウニをのせる。
❷ 金柑のマリネを添え、菜の花の花をあしらう。

寓話｜アンディーヴとふきのとう

Allégorie | Endive et fukinoto

（カラー 22頁）

—

［つくり方］

フキノトウのペースト

❶ フキノトウを油で揚げる。油をきってからフード・プロセッサーにかける。
❷ ①に鴨の皮のパウダー（後述）、ヘーゼルナッツペースト、卵黄（加熱したもの）、ジュ・ド・トリュフ、トレハロースを順次加えてさらに攪拌する。

鴨の皮のパウダー

❶ グロセル4kg、砂糖500g、ハチミツ300g、パンデピスのパウダー 40g、ローズマリーの葉のコンカッセ40gを混ぜ合わせる。
❷ バットに鴨の皮を広げ、①をぬり、鴨の皮を重ね、再度①をぬる。この工程を何度かくり返す。冷蔵庫で1ヵ月ねかせる。
❸ ②を水で洗い塩抜きする。よく水気をふき取る。
❹ ③を4枚ずつ重ね、ラップで包み冷凍する。
❺ ④をハムスライサーで薄く切り、オーブンペーパーを敷いた天板に並べる。オーブンペーパーをかぶせ、天板をのせて重石をし、150℃のオーブンで10〜 15分焼く。
❻ 粗熱が取れたらナイフで砕く（ミキサーでは細かくなりすぎるため、ナイフを使う）。

トリュフの泡

生クリーム、マッシュルームのグラス、黒トリュフのアッシェ、サワークリームを合わせて攪拌する。

仕上げ

❶ 器にソース・ヴェルト*を流し、トリュフの泡を流す。
❷ 器の中心にアンディーヴ（→23頁）を立てる。

＊パセリのペースト、ほうれん草のペースト、黒ニンニク、ヴァン・ジョーヌ、鴨のコンソメなどでつくる緑色をしたソース

活気｜ホワイトアスパラガスと鯖

Vivacité | Asperge blanche et maquereau

（カラー 24頁）

—

［つくり方］

鯖のマリナード

❶ 白ワイン（甲州種）、シェリー（ペドロ・ヒメネス）、エシャロットのシズレ、白バルサミコ酢、セロリ、白胡椒、レモンのゼスト、姫レモンのゼスト、パセリ、サリエット、塩、トレハロースを合わせて火にかけ、微沸騰の状態を30分保つ。
❷ ①を火から下ろし、そのまま1日おく。
❸ ②にブラッドオレンジとそのゼスト、オリーブオイル、くるみオイルを加え、漉す。ミキサーで攪拌する。

アスパラガスのソース

❶ ホワイトアスパラガスの根元や端材をオリーブオイルでソテーする。
❷ レモングラスを加え、牛乳と生クリームを注いで沸かす。ラップで密封して5分ほど熱する。火を止め、そのまま冷ます。
❸ ②のホワイトアスパラガスの水気をきり、ミキサーにかける。タミで裏漉しする。

仕上げ

❶ 皿にホワイトアスパラガス（→ 25頁）を2切れ盛り、鯖（→25頁）をのせる。エストラゴン、レモンバーム、セロリの芽をあしらう。
❷ ①の脇にアスパラガスのソースを流し、ハンドミキサーで攪拌した鯖のマリナードの泡をのせる。

食感｜グリーンアスパラガスとブッラータ

Texture | Asperge vert et burrata

（カラー26頁）

—

［つくり方］

ハマグリ

❶ 白ワイン、ノイリー、セロリの葉を合わせて沸かし、ハマグリを入れて殻を開かせる。

❷ 殻から身を取り出し、掃除する。蒸し汁とともに袋に入れて真空にかける。70℃のウォーターバスで温め、氷水にあてて急冷する。

本ミル貝とホッキ貝

本ミル貝とホッキ貝の殻を開けて掃除する。0.7%の塩をした昆布だしとともに袋に入れて真空にかける。70℃のウォーターバスで温め、氷水にあてて急冷する。

ソース・コキヤージュ

ハマグリの蒸し汁とブッラータのソース（→27頁）を1:1の割合で合わせる。漉して泡を消す。

ノイリーとラベージのジュレ

❶ 白ワイン、ノイリー、ニンジン、玉ねぎ、ホワイトセロリ、梅干し、リモンチェッロ、鰹節、黒粒胡椒を鍋に合わせ、1/3量になるまで煮詰める。そのまま保管し、翌日に漉す。

❷ ①を温めてラベージを加え、10分アンフュゼする。漉して、水でもどした板ゼラチンを加える。

仕上げ

❶ 煮沸殺菌したハマグリの貝殻に、それぞれ適宜に切ったハマグリ、本ミル貝、ホッキ貝、セロリを盛る。

❷ ①にソース・コキヤージュを流し、ノイリーとラベージのジュレをかける。レモンのゼスト、ボリジの花、ラベージの芽を散らす。

❸ 皿にアヴォカドのソース（解説省略）を細く流し、その上にグリーンアスパラガス（→27頁）をのせる。フルール・ド・セルをふる。

❹ ③の脇に②をのせ、皿に流してアスパラガスと一緒に食べるようすすめる。

喜び｜モリーユ茸とヴァン・ジョーヌ

Plaisir | Morille et vin jaune

（カラー28頁）

—

［つくり方］

干し杏

❶ 杏（冷凍したもの）を前の晩に脱水ペーパーの上にあけて解凍しておく。

❷ ①をヴェルジュ、ヴァン・ジョーヌ、アプリコット・リキュール、塩、トレハロースとともに袋に入れて真空にかける。そのまま1日おく。

❸ ②の杏を脱水ペーパーで挟んで2〜3日おき、乾燥させる。

ソース・ヴァン・ジョーヌのベース

ヴァン・ジョーヌ、白ワイン、エシャロット、ニンジン、マッシュルーム、白胡椒、トレハロースを鍋に入れて火にかけ、半量になるまで煮詰める。エストラゴンを加え、アンフュゼする。翌日までそのままおいてなじませる。

仕上げ

❶ 皿に刻んだ干し杏を盛り、ソース・ヴァン・ジョーヌ（→29頁）を流す。エダマメのピュレ（解説省略）を点描する。

❷ モリーユと、ブロッコリーパウダーをふったうずらの卵（→ともに29頁）を盛り、ゆでたスナップエンドウを散らす。

❸ 季節の山菜や食用花を添え、エストラゴンオイルをたらす。

韻｜車海老とトレヴィス

Rimes | Kuruma ebi et trévise

（カラー 30頁）

—

［つくり方］

ドラゴンフルーツのソース

❶ トレヴィスのマリナード（→ 31頁）にドラゴンフルーツの果汁と増粘剤（シャンタナ）を加え、ハンドミキサーで混ぜる。シノワで漉す。
❷ ①を袋に入れて真空にかけ、泡を消す。

仕上げ

❶ 皿に車海老、車海老の頭、トレヴィス（→すべて31頁）を盛る。トレヴィスにオレンジのゼストをのせる。
❷ 皿の中心にドラゴンフルーツのソースを流し、オリーブオイルとオレンジ果汁をたらす。ローストした松の実とペンタスの花を散らす。

欲求｜豚足と貝

Envies | Pied de cochon et coquillage

（カラー 32頁）

—

［つくり方］

豚足

❶ ブイヨンでゆでた豚足（→33頁）の骨を抜く。バットに広げて薄くのばし、塩をふる。重石をして冷蔵庫で冷やし固める。
❷ 適宜に切ってオリーブオイルでカリッとソテーする。

赤貝

❶ 赤貝の身を取り出して洗い、一口大に切る。
❷ ①をオリーブオイルと野菜のシュックでソテーし、キノコのブイヨンと日本酒を合わせた液体でデグラッセする。刻んだセリを加える。

ポワロー

❶ ポワローを95℃のスチコンで加熱する。ペイザンヌに切る。
❷ ①をパフュームオイル*でエテュヴェする。
❸ パフュームオイルを足し、ブイヨン・ド・レギューム、オレンジ果汁、オレンジのゼストを加える。

＊クローヴ、ニンニク、ショウガで香りづけしたオリーブオイル

ほうれん草のトンベ

❶ ほうれん草をバターとニンニクでソテーする。
❷ ①に白ワイン、黒ニンニク、塩、トレハロースを加え、デグラッセする。

仕上げ

❶ 皿の中央にほうれん草のトンベを置き、豚足、赤貝、ポワローをバランスよく重ねる。
❷ ワカメとブロッコリーのパウダー（解説省略）をまぶしたほうれん草の若芽をあしらい、皿にも同じパウダーをふる。
❸ 酒粕汁（→33頁）を客前で注ぐ。

直観｜ホタテとロックフォール

Intuition | Saint-Jacques et roquefort

（カラー 34頁）

—

［つくり方］

マコモダケ

❶ マコモダケの皮をむき、煎り酒*をハケでぬる。
❷ ①をアルミ箔で包み、オーブンで15分ほど焼く。
❸ 粗熱がとれたら薄切りにする。

＊煮切った酒に梅干しまたは梅酢、鰹だしなどを加えた伝統調味料

ホタテのブイヨン

ホタテの煮汁（→35頁）に昆布だしとブイヨン・ド・レギュームを加えて味を調整し、温める。

ワカメ

❶ 洗ったワカメ、鶏だし、マッシュルームのグラス、醤油、柚子果汁を袋に入れて真
❷ 空にかける。
58℃のスチコンで30分加熱し、75℃に上げて3分加熱する。急冷する。

仕上げ

❶ 適宜に切ったホタテ（→ 35頁）を器に盛り、マコモダケ、ワカメ、ホワイトセロリの葉先をあしらう。
❷ ホタテのブイヨンを客前で注ぐ。

儚さ｜イカと山菜

Éphémère ｜ Calamar et Sansaï

（カラー36頁）

—

［つくり方］

イカのブイヨン

❶ ヤリイカをサラマンドルで焼く。
❷ ①、鶏だし、ショウガのスライス、ホワイトセロリの葉を鍋に合わせて火にかけ、数時間弱火で煮出す。漉す。

ブール・ペルシヤード

❶ イタリアンパセリ、パセリペースト、パセリオイル、黒ニンニク、エシャロット・コンフィ、黒ラッキョウ、シトロン・コンフィ、塩を合わせてフード・プロセッサーで撹拌する。
❷ バターを少しずつ加えながら、ポマード状になるまで撹拌する。

イカスミのサワークリーム

サワークリームとイカスミ（細かな目のタミで漉したもの）を混ぜ、昆布だしで濃度を調整する。

仕上げ

❶ 子持ちのシロイカをさばいて一口大に切り、ブール・ペルシヤードでソテーする。
❷ イカスミのサワークリームで皿に墨絵のような模様を描き、①と山菜（→37頁）を和えて盛る。
❸ 泡立てたイカのソース（→37頁）をかける。

再生｜サヨリと菜の花

Regain ｜ Sayori et nanohana

（カラー38頁）

—

［つくり方］

菜の花

❶ ナノハナを長さ10cmに切る。1.5%の塩をまぶし、5分マリネする。
❷ ①をブイヨン・ド・レギュームでゆでる（最初に根元側のみを湯に浸けて10秒ゆで、全体を湯に落としてさらに10秒ゆでる）。
❸ ②を冷たいブイヨン・ド・レギュームに落として粗熱をとる。
❹ ③に柚子オイルをまぶし、袋に入れて真空にかける。

セロリとグレープフルーツ

❶ ホワイトセロリをブリュノワーズに切る。サヨリのマリナード（→39頁）に20秒浸ける。
❷ ①にセロリオイルをまぶして真空にかける。
❸ ほぐしたグレープフルーツの果実と②を2:1の割合で合わせる。

仕上げ

❶ 皿にサヨリ（→39頁）を盛り、菜の花を添える。柚子胡椒をあしらう。
❷ セロリとグレープフルーツを盛り、花穂と菜の花の花を散らす。

獣性｜フォワグラとスッポン

Animalité ｜ Foie gras et Suppon

（カラー40頁）

—

［つくり方］

すっぽんの下処理

❶ スッポンをさばいて血抜きする。骨を抜き、下ゆでして薄皮をはぐ。
❷ 網にのせて冷蔵庫など冷たい場所におき、一晩乾燥させる。
❸ ②を63℃のオーブンで30分乾燥させる。
❹ 鍋に③のスッポン、椎茸だし、温泉水、鶏だし、日本酒を入れて火にかける。沸いたらアクを取り、ショウガを加え、1時間ほど煮る。セロリの葉を加えて火を止め、完全に冷ます。
❺ 浮き出て固まったゼラチン質を取り除き、スッポンの肉を真空にかけて保管する。

エゴマの葉

エゴマの葉と鶏だしを袋に入れて真空にかけ、一晩おく。

オゼイユのトンベ

オゼイユの葉にオリーブオイルと塩をまぶし、サラマンドルでサッと温める。

そら豆とグリーンピース

❶ グリーンピースをぬか床に一晩漬ける。
❷ そら豆を塩ゆでする。
❸ ①と②をエゴマオイルでソテーする。

仕上げ

❶ 器にフォワグラとスッポン（→ともに41頁）を盛り、エゴマの葉、オゼイユのトンベ、そら豆とグリーンピースを添える。
❷ イタリアンパセリと刻んだショウガの甘酢漬けを散らす。
❸ 漉して温めたスッポンの煮汁を客前で注ぐ。

［工藤 健／メゾン・ラフィット］

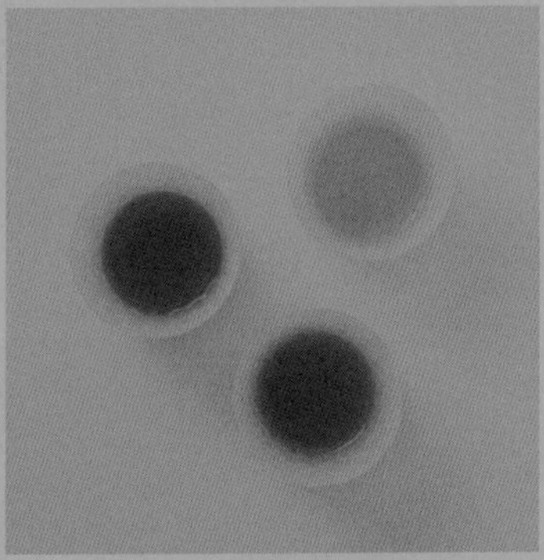

パプリカのコンソメ

（カラー 44頁）

—

［つくり方］

→44頁を参照

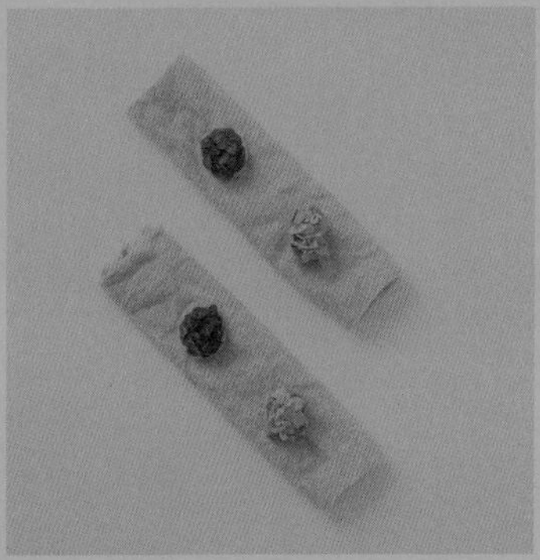

スナック
カボチャと雲丹、地ビールと馬肉

（カラー 46頁）

—

［つくり方］

「カボチャと雲丹」の仕上げ

カボチャのスナック（→47頁）の生地に赤ウニをのせ、マリーゴールドとヴィオラの花びらを飾る。

「地ビールと馬肉」の仕上げ

❶ 馬肉を5mm角に切る。刻んだシブレット、バルサミコ酢、にんにくオイル、塩、胡椒を加え混ぜて味をととのえる。
❷ 地ビールのスナック（→47頁）の生地にフロマージュ・ブランをのせる。
❸ ②に①をのせ、赤オキサリスを飾る。

［ 工藤 健／メゾン・ラフィット ］

モッツァレッラ、レモン、青大豆ソース

（カラー 48頁）

—

［つくり方］

レモンのコンフィ

❶ レモンの皮をむき、皮の下の白いわたもきれいに取り除く。
❷ ①のレモンを薄切りにし、鍋に入れる。レモンの1/3量のグラニュー糖をまぶし、弱火でじっくり炊く。

仕上げ

❶ 器にモッツァレッラをのせ、一面にランドクレスの新芽をあしらう。
❷ 青大豆ソース（→ 49頁）を流し、レモンのコンフィ、ゆでた枝豆とグリーンピース、豆のつるを添える。ハーブオイルをたらす。

仔鹿と筍のリエット、ナスタチウム

（カラー 50頁）

—

［つくり方］

筍

❶ タケノコの皮をむき、灰を加えた湯で1時間半〜 2時間ゆでる。
❷ ①のタケノコを洗い、醤油と酒で味つけした鰹だしに浸して70℃で1時間蒸す。
❸ ②を小角切りにする。

仕上げ

❶ ナスタチウムの葉を広げ、フロマージュ・ブランをぬる。仔鹿のリエット（→ 51頁）と筍をのせ、再度フロマージュ・ブランをぬる。フルール・ド・セルをふり、ナスタチウムの葉を筒状に巻く。
❷ 器に大小のナスタチウムの葉（飾り用）を敷き、①を1つのせる。デュカ*をふる。

＊ゴマ、ヘーゼルナッツ、アーモンド、ピーナツ、クミンシードなどを合わせた中東のミックススパイス

石鯛、青紫蘇、茄子

（カラー 52頁）

—

［つくり方］

石鯛

❶ イシダイをおろしてサクにとり、塩昆布パウダーと柑橘（カボス、柚子など季節のもの）果汁でマリネする。
❷ ①を薄切りにする。

仕上げ

❶ 器にナスのピュレ（→ 53頁）を盛り、イシダイをかぶせる。
❷ 揚げた青紫蘇（→ 53頁）をのせて提供する。

牡蠣、トマト、米酢

（カラー 54頁）

—

［つくり方］

薬味

ブリュノワーズに切ったキュウリ、刻んだドライトマト、タスマニアマスタードを合わせる。

米酢の泡

米酢100g、水300g、鮎魚醤 適量、きび砂糖 適量、シュクロエメル2.5gを合わせてブレンダーで撹拌し、泡にする。

仕上げ

❶ 器に粗塩を敷いて土台を作り、煮沸消毒した牡蠣の殻を置く。
❷ ①の殻に牡蠣（→55頁）を盛り、薬味を添え、牡蠣のジュレ（→55頁）をかける。
❸ 米酢の泡をのせ、菜の花の花をあしらう。

地蛸、ラルド、パプリカ

（カラー 56頁）

—

［つくり方］

パルミジャーノのドレッシング

❶ ドレッシングをつくる。玉ねぎのスライス40g、塩6g、鮎魚醤10g、米酢70g、米油150g、ニンニクオイル10gをミキサーにかけてよく乳化させる。冷蔵庫で2〜3日おいてなじませる。
❷ ①にすりおろしたパルミジャーノと刻んだケッパー（酢漬け）を加え混ぜる。

揚げ素麺

❶ 素麺（島原洋麺*）をゆでて水気をきり、適宜の長さに切る。螺旋状に成形し、食品乾燥機で乾燥させる。
❷ ①をサラダ油で揚げる。塩をふる。

＊島原素麺の製造法を用いてデュラム小麦100%でつくった手延べ麺。島原市・本多製麺製で、ここではイカスミを練り込んだ特注品を使用

仕上げ

❶ 蒸したマダコ（→57頁）を一口大に切り、パルミジャーノのドレッシングで和える。皿に盛る。
❷ ドライトマトを添え、ラルドの薄切りをかぶせる。揚げ素麺をのせる。
❸ 赤オキサリスやボリジの花をあしらい、燻製パプリカパウダーをふる。

蛤、バナナ、パッションフルーツ

（カラー 58頁）

—

［つくり方］

新玉ねぎのクリーム煮

❶ 新玉ねぎをブリュノワーズに切り、バターでソテーする。
❷ ハマグリのだし（→59頁）、生クリーム、クミンシードを加えて煮込む。塩で味をととのえる。

ヴィオラの花の飴がけ

シュガークラフト用粉末原料を水で溶き、刷毛を使ってヴィオラの花にぬる。食品乾燥機でサクサクになるまで乾燥させる。

仕上げ

❶ ガラス器にハマグリとバナナ（→ともに59頁）を盛り、新玉ねぎのクリーム煮を添える。
❷ ハマグリのだし（→59頁）に生クリームを加えてハンドミキサーで泡立てる。
❸ ①に②の泡をのせ、ヴィオラの花の飴がけをあしらう。カボチャのクランブル（解説省略）を散らす。
❹ ③の器をバナナの葉にのせて提供する。

［工藤 健／メゾン・ラフィット］

烏賊、ビーツ、ケール

（カラー 60頁）

—

［つくり方］

ドレッシング

玉ねぎのスライス40g、塩 6g、鮎魚醤10g、米酢70g、米油150g、ニンニクオイル10gをミキサーにかけてよく乳化させる。冷蔵庫で2〜3日おいてなじませる。

仕上げ

❶ ドレッシングで和えた烏賊とビーツを皿に盛り、ビーツのチップス（→すべて61頁）をのせる。
❷ 生の赤ケールと赤オキサリス、素揚げした紅タデのスプラウトを添え、ヘンプシードをふる。

鮑、肝のサバイヨン、ハーブオイル

（カラー 62頁）

—

［つくり方］

仕上げ

❶ 皿に肝のサバイヨン（→63頁）を流し、ハーブオイルをたらす。
❷ 肝のサバイヨンで和えた蒸し鮑（→63頁）を3切れ置く。
❸ ワサビの花とワサビ菜をあしらう。

蟹、米、椎茸

（カラー 64頁）

—

［つくり方］

→65頁を参照

鮎のタリオリーニ

（カラー 66頁）

—

［つくり方］

高麗人参の葉のオイル

❶ 高麗人参の葉と米油を1：2の割合で合わせ、袋に入れて真空にかける。
❷ 60℃のウォーターバスで温める。
❸ ②を鍋に移し、中温で加熱しながら攪拌する。漉す。

仕上げ

❶ 冷やしておいた皿にタリオリーニ（→ 67頁）を盛る。パースニップと鮎肝のエスプーマ（解説省略）を絞り、焼いた鮎のフィレ（→67頁）を盛る。
❷ 高麗人参の葉と花キュウリを添える。高麗人参の葉のオイルをたらし、醤油粕パウダー*をふる。

＊醤油粕（もろみを搾って醤油をつくる際に残る絞りかす）を樹脂加工のフライパンで乾煎りしたもの

メヒカリのフリット オリーブのタルタルソース

（カラー 68頁）

—

［つくり方］

仕上げ

❶ 切り株の皿にオリーブの葉を敷く。塩をふったメヒカリのフリット（→69頁）とオリーブの塩水漬けを盛る。
❷ オリーブのタルタルソース（→69頁）を別添えし、フリットにつけて食べるようすすめる。

鱒、発酵人参、金柑

（カラー 70頁）

—

［つくり方］

鱒

❶ マス（宮崎県産奥日向鱒）を三枚におろす。トレハロースと塩を混ぜたものをふり、2～3時間マリネする。
❷ ①の皮を引き、人数分の切り身にする。複数の切り身の断面同士を密着させて、もとの形にもどす（火が入りすぎないようにするため）。
❸ キッチンペーパーを敷いたバットに②を皮側を下にしてのせ、ラップをかける。ディッシュウォーマーの下に置き、その熱で20分ほど加熱する。

仕上げ

❶ 皿に発酵人参のジュ（→71頁）を流し、海老オイル（解説省略）をたらす。
❷ 鱒を盛り、揚げ人参（→71頁）、金柑（スライス）、黄ヴィオラとオキサリスの花をあしらう。鱒に黒胡椒をふる。

［ 工藤 健／メゾン・ラフィット ］

石焼き芋、土筆、ヤーコン

（カラー72頁）

—

［つくり方］

ヤーコンのグラッセ

❶ ヤーコンを小角切りにし、水にさらしてアクを抜く。

❷ フライパンにバターを熱し、水気をきった①をサッとソテーする（熱いバターをヤーコンにからめるイメージで食感よく仕上げる）。塩で味をととのえる。

仕上げ

❶ 皿に石焼き芋のクリーム（→ 73頁）を流し、ヤーコンのグラッセ、ほぐしたハッサクの果実、ブリュノワーズに切ってカリカリに焼いたチョリソを散らす。

❷ 土筆（→73頁）を立体的に盛り、松の実のすりおろしをふる。

夏鹿、ホワイトアスパラガスのフラン

（カラー 74頁）

—

［つくり方］

ホワイトアスパラガスのフラン

❶ ホワイトアスパラガスのゆで汁と全卵を3:1の割合で合わせて混ぜる。漉す。

❷ 1人分 40gの①を提供用の器に注ぎ、78℃で1時間蒸す（すぐに提供しない場合は温度を70℃に下げて保管する）。

ホワイトアスパラガス（仕上げ用）

❶ 生のホワイトアスパラガスをピーラーで幅1cm、長さ10cmほどに薄くむく。

❷ ①を菜箸などに螺旋状に巻きつけて、氷水に浸す。形が固定されたら取り出して水気をきる。

仕上げ

❶ ホワイトアスパラガスのフランの上に夏鹿のすね肉の煮込み（→ 75頁）をのせる。仕上げ用のホワイトアスパラガスを全面に敷き詰め、ヤグルマソウの花を散らす。

❷ 温めた夏鹿のコンソメ（→75頁）を別添えし、客前で注ぐ。

［川手寛康／フロリレージュ］

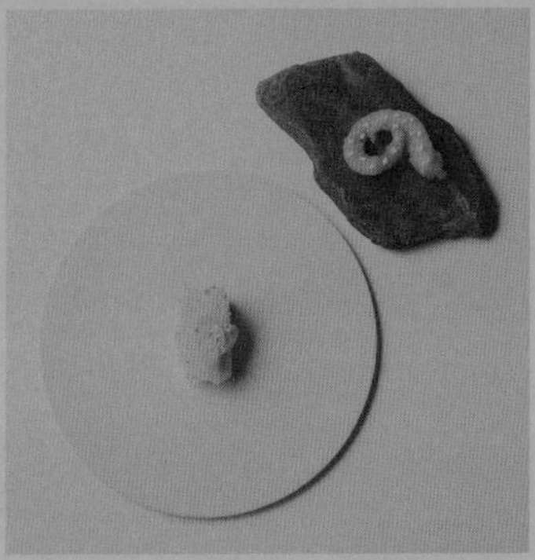

烏賊　ヨーグルト

（カラー78頁）

—

［つくり方］

ゲソのベニエ

❶ アオリイカの足を塩もみし、薄力粉をはたく。
❷ ベニエ生地（解説省略）にルイユパウダーとサフランを加える。
❸ ①に刷毛で②をぬり、サラダ油で揚げる。
❹ カブのぬか漬け、マヨネーズ、卵白を合わせて攪拌し、ぬか漬けペーストをつくる。
❺ ③にルイユパウダーをふり、④を点描する。

仕上げ

❶ 皿にセルクルから外したヨーグルト（→82頁）盛り、キャヴィアとアオリイカ（→82頁）をのせる。
❷ カブのぬか漬けを薄くスライスし、①にまとわせる。アリッサムの花を散らす。
❸ ゲソのベニエを別添えする。

コリアンダー　八朔

（カラー79頁）

—

［材料／1人分］

A［コリアンダーの葉…6枚
　ハッサク果汁…50cc
　クミンシロップ…5cc
コリアンダーの葉…1枚
ハッサクの皮…適量

［つくり方］

❶ Aをティンに入れてハンドブレンダーで攪拌する。
❷ ①をシェイカーに入れ、氷を加えてシェイクする。ファインストレーナーで漉しながらグラスに注ぐ。
❸ コリアンダーの葉を浮かべ、ハッサクの皮を添える。お客に、自身でハッサクの皮をひねって精油をとばし、香りを楽しむようすすめる。

鯖　ブルーチーズ

（カラー 80頁）

—

［つくり方］

ブルーチーズのソース

❶ エシャロットを刻み、バターで軽くスュエする。
❷ ①に白ワインとノイリーを加えて液体がなくなるまで煮詰める。
❸ ②にコンソメと生クリームを加えて軽く煮詰め、漉す。
❹ ③にブルーチーズを加え、ブレンダーで撹拌する。

仕上げ

❶ 皿に鯖(→83頁) を盛り、ブルーチーズのソースを流す。
❷ 湯葉(解説省略) を添え、花穂を散らす。

苺　タイム　和紅茶

（カラー 81頁）

—

［材料／1人分］

A
- イチゴ…4個
- レモンタイム…2本(4cmほど)
- 和紅茶*…40cc

イチゴ…スライス1枚
レモンタイム…1本(7cmほど)

*水出しで抽出したもの

［つくり方］

❶ Aをティンに入れてハンドブレンダーで撹拌する。
❷ ①をシェイカーに入れて氷を加えてシェイクし、ファインストレーナーで漉しながらグラスに注ぐ。
❸ ②のグラスにイチゴのスライスを浮かべ、レモンタイムを飾る。

牡蠣　レモンコンフィ

（カラー 84頁）

—

［つくり方］

ソース

ピクルス(菜の花、フェンネル、エルダーフラワーなど) の漬け汁とレモンコンフィの煮汁を合わせる。増粘剤(つるりんこ) を加えてとろみをつける。

仕上げ

❶ 牡蠣(→88頁) を皿に盛り、ソースをたらす。
❷ 牡蠣のスープ(→88頁) をショットグラスに注いで別添えし、口直しとして飲むようすすめる。

バジル　レモンバーベナ トマト

（カラー 85頁）

—

［材料／1人分］

A
- バジル…3枚
- レモンバーベナ…1本（4cmほどの枝）
- トマトウォーター…40cc

レモンバーベナ…1本（7cmほどの枝）

［つくり方］

❶ Aをティンに入れてハンドブレンダーで撹拌する。
❷ ①をシェイカーに入れて氷を加えてシェイクし、ファインストレーナーで漉しながらグラスに注ぐ。
❸ レモンバーベナを添える。

ホワイトアスパラガス ピクルス

（カラー 86頁）

—

［つくり方］

ホワイトアスパラガスのムース

❶ ホワイトアスパラガスの根元の部分と、玉ねぎのエテュヴェをバターでソテーする。鍋に蓋をして180℃のオーブンに入れ、火を入れる。
❷ ①をサーモミックスで撹拌してピュレにし、裏漉しする。
❸ ②に泡立てた生クリームを加え混ぜる。

シャルトリューズのソース

❶ シャルトリューズを半量以下になるまで煮詰める。
❷ レモン果汁を加えて酸味を調整する。

仕上げ

❶ 器にホワイトアスパラガスのムースを盛り、シャルトリューズのソースをかける。桜の花の塩漬けを散らし、ハーブオイルをたらす。
❷ ホワイトアスパラガス（→ 89頁）と①を同時に提供する。

金柑　ショウガ ジャスミン

（カラー 87頁）

—

［材料／1人分］

A
- 金柑（種を抜く）…5個
- ショウガ…2g
- ジャスミン茶*…40ml

金柑…スライス2枚

＊水出しで抽出したもの

［つくり方］

❶ Aをティンに入れてハンドブレンダーで撹拌する。
❷ ①をシェイカーに入れて氷を加えてシェイクし、ファインストレーナーで漉しながらグラスに注ぐ。
❸ 氷を落とし、金柑のスライスを浮かべる。

［ 川手寛康／フロリレージュ ］

牛　骨髄

（カラー 90頁）

—

［つくり方］

→94頁を参照

台湾茶　キャラウェイ　シナモン

（カラー 91頁）

—

［材料／1人分］

中国茶（ラプサンスーチョン）…60cc
キャラウェイ…0.2g
シナモン…0.2g
カルダモン…0.1g
和三盆糖…適量

［つくり方］

❶ 中国茶を90～95℃の湯で淹れる。
❷ ①にキャラウェイ、シナモン、カルダモンを加え、温度が80℃に下がったらファインストレーナーで漉しながらグラスに注ぐ。
❸ グラスの縁の半分に和三盆糖をつける

ホタテ　筍

（カラー 92頁）

—

［つくり方］

ソース・コキヤージュ

❶ 塩でもみ洗いしたホタテのヒモを水で煮だして、だしをとる。
❷ ジュ・ド・コキヤージュに①を加えて火にかけ、煮詰める。
❸ ②に牛乳、生クリーム、煮詰めた白ワインを加え、塩で味をととのえる。
❹ ハンドミキサーで撹拌して泡立てる。

仕上げ

❶ 器にホタテと筍（→95頁）を盛り、ソース・コキヤージュをかける。
❷ 昆布パウダーをふり、赤オキサリスを散らす。

梨　ミョウガ　紫蘇

（カラー 93頁）

—

［材料／1人分］

A
- 梨…1/2個
- ミョウガ…1/2個
- 紫蘇…3枚
- クエン酸…0.1g

梨…スライス2枚
紫蘇…2枚

［つくり方］

❶ Aをティンに入れてハンドブレンダーで攪拌する。
❷ ①をシェイカーに入れて氷を加えてシェイクし、ファインストレーナーで漉しながらグラスに注ぐ。
❸ 氷を落とし、梨と紫蘇を浮かべる。

トレヴィス　鹿のパテ

（カラー 96頁）

—

［つくり方］

ビーツのソース

❶ ビーツの皮をむいて適宜に切り、サーモミックスで攪拌しながら加熱する。1/8量まで煮詰め、漉す。
❷ 赤ワインヴィネガーで味をととのえ、甘みが足りなければ少量の砂糖を加える。

レモン風味のサワークリーム

サワークリームに、刻んだエシャロット、デに切ったレモン、レモン果汁、生クリームを加えて攪拌する。

仕上げ

❶ 皿にレモン風味のサワークリームを盛り、ビーツのソースを流す。
❷ トレヴィス（→100頁）をのせ、ミニョネットをふる。

トマトウォーター
卵白　文旦

（カラー 97頁）

—

［材料／1人分］

A
- トマトウォーター…40cc
- 文旦ジュース…15cc
- ブロンズフェンネル…2本（4cmほど）
- 卵白…10cc

トマトのチップ*…1枚
ブロンズフェンネル…1本（7cmほど）

＊トマトを薄切りにして食品乾燥機で乾燥させたもの

［つくり方］

❶ Aをティンに入れてハンドブレンダーで攪拌し、泡立てる。泡は取りおく。
❷ ①をシェイカーに入れて氷を加えてシェイクし、ファインストレーナーで漉しながらグラスに注ぐ。
❸ ②に①の泡をのせ、トマトのチップとブロンズフェンネルを飾る。

［ 川手寛康／フロリレージュ ］

ホロホロ鳥　ほうれん草

（カラー 98頁）

—

［つくり方］

ホロホロ鳥

❶ ホロホロ鳥の骨付き胸肉を炭火とブラックで焼く。
❷ ①が焼けたらさばき、胸肉を1人分の大きさに切り出す。

仕上げ

❶ 皿にホロホロ鳥を盛り、フルール・ド・セルをふる。ホロホロ鳥のジュ（解説省略）を流す。
❷ ①の横にほうれん草（→101頁）を盛る。

ザクロ　ビーツ
ハイビスカス

安納芋のシロップ

（カラー 99頁）

—

［材料／1人分］

ザクロ　ビーツ　ハイビスカス

ザクロジュース…10cc
ビーツジュース…5cc
ハイビスカスティー*…20cc
プーアル茶*…30cc
発酵ニンニク…0.5g
クローヴ…0.2g
ねずの実…0.1g
ブラッククミン…0.1g
＊ともに水出しのもの

安納芋のシロップ

安納芋の皮
和三盆糖
和紅茶…各適量

［つくり方］

ザクロ　ビーツ　ハイビスカス

材料をすべてティンに入れてハンドブレンダーで撹拌する。ファインストレーナーで漉しながらグラスに注ぐ。

安納芋のシロップ

❶ 安納芋の皮をオーブンで焼いて焦がす。
❷ ①と和紅茶、和三盆を合わせて濃度がつくまで弱火で煮詰める。

［ 柴田秀之／ラ クレリエール ］

牡蠣51℃

（カラー 104頁）

—

［つくり方］

→105頁を参照

ペコリーノ・ロマーノとそら豆

（カラー 106頁）

—

→107頁を参照

ホワイトアスパラガスの三重奏

（カラー 108頁）

—

［つくり方］

ホワイトアスパラガスのジュレ

❶ ホワイトアスパラガスの煮汁（→ 109頁）250gに対してもどした板ゼラチン1枚を加え、溶かす。塩で味をととのえる。

❷ ①を漉し、提供用のカクテルグラスの高さ1/5ほどまで注いで冷やし固める。

ホワイトアスパラガスのムース

❶ ホワイトアスパラガスのベース（→109頁）250gに、もどした板ゼラチン1枚を加え、溶かす。

❷ 四分立てにした生クリーム30gを①に加え、ハンドミキサーで撹拌する。塩で味をととのえる。

鹿児島産竹の子とウニのリゾット エスカルゴバターソース

(カラー 110頁)

—

[つくり方]

ウニのリゾット

❶ リ・オ・ブール(バターライス)をつくる。米をバターで炒める。熱くなったらブイヨン・ド・ヴォライユを加えて沸騰させ、180℃のオーブンで18〜 20分加熱する。
❷ ①に小口切りにしたセリを加えて全体をなじませる。ウニを加え、塩で味をととのえる。

ソース

アサリのだしを温め、エスカルゴバターを加えてモンテする。

仕上げ

❶ 皿にウニのリゾットを盛り、煮含めたタケノコと揚げたタケノコ(→ 111頁) をのせる。
❷ 適宜に切ったセリをのせ、エスカルゴバターをかける。
❸ 焼いたタケノコの皮(→ 111頁) をかぶせて提供し、お客に皮を脇によけて食べるようすすめる。

七草とタラバガニのビスク

(カラー 112頁)

—

[つくり方]

カブ

❶ カブを薄切りしてさっとゆでる。
❷ カブの茎をゆでて氷水に落とす。冷ましたゆで汁少量とともにフード・プロセッサーにかけてピュレにする。

仕上げ

❶ 皿に七草のバターライス(→ 113頁) を盛り、蒸したタラバガニの身をのせる。
❷ カニのビスク(→ 113頁) をかけ、カブをかぶせる。カブの茎のピュレを点描し、セリの穂先をのせる。

モリーユのファルシ リ・ド・ヴォーと山うど

(カラー 114頁)

—

[つくり方]

ソース・モリーユ

❶ マデラ、ポルト、コニャックを合わせて1/3量になるまで煮詰める。
❷ フォン・ド・ヴォーを1/3量になるまで煮詰める。
❸ モリーユのもどし汁を1/3量になるまで煮詰める。
❹ ①、②、③を合わせて煮詰める。生クリームと牛乳を加え、塩で味をととのえ、コーンスターチでつなぐ。

山うど

❶ ウド(東京うど) の皮をむき、さっとゆでる。水気をきる。
❷ 茎の部分を薄切りにする。塩をふる。
❸ 穂先の部分を小指の爪ほどの大きさに切り、米粉をまぶして油で揚げる。

仕上げ

❶ 皿の2ヵ所にウドの薄切りを敷き、モリーユ(→115頁) をのせる。
❷ ソース・モリーユを流し、ヤマウドの穂先のフリットを添える。

稚鮎のフリチュール 南高梅のエミュルシオン

（カラー116頁）

―

［つくり方］

笹茶とクレソンのソース

❶ クレソンを茎と葉に分ける。茎は4分、葉は2分塩ゆでし、冷水にさらす。
❷ ①のクレソンとゆで汁をミキサーにかける。笹茶と増粘剤（シャンタナ）を加えてとろみをつける。塩で味をととのえる。

仕上げ

❶ ガラス皿にレモンオイルを薄くぬり、クレソンのソースを点描する。
❷ 皿の中心に、ゆでてドレッシングで和えたオカヒジキを盛り、稚鮎のフリチュール（→117頁）をのせる。
❸ 南高梅のエミュルシオン（→117頁）をかけ、皿の左奥に笹茶塩（解説省略）をのせる。

鮎のバリエーション 笹茶とクレソンのクーリ

（カラー118頁）

―

［つくり方］

鮎の肝のソース

❶ 小鍋にサラダ油、鮎の肝、山椒、塩を入れて火にかける。
❷ ①の肝を潰しながら温度を上げていき、肝に火を入れる。

仕上げ

❶ 皿に笹茶とクレソンのソース（「稚鮎のフリチュール～」参照）を線描し、鮎の肝のソースを点描する。
❷ 鮎のバターライスと、鮎のフィレ（→ともに119頁）を盛り、笹茶塩をふる。
❸ 皿の余白に少量のじゃが芋のピュレ（解説省略）をのせ、それを土台にして鮎の頭や骨のフリチュールを盛る。エラのフリチュールを散らし、肝のブーダン・ノワール（→すべて119頁）を添える。
❹ 南高梅のエミュルシオン（→117頁）をかける。

トリ貝と初夏の野菜のジュレ寄せ

（カラー120頁）

―

［つくり方］

→121頁を参照

［柴田秀之／ラ クレリエール］

黒アワビの岩塩包み焼き

（カラー122頁）

—

［つくり方］

仕上げ

❶ 黒アワビの岩塩包み焼き（→123頁）を皿に盛り、塩ゆでしたカツオ菜を添える。
❷ ソースをたっぷりと流し、生の黒胡椒のコンカッセを添える。

タラバガニのタルト・ランベルセ

（カラー124頁）

—

［つくり方］

→125頁を参照

蛍烏賊のピサ・ラディエール

（カラー126頁）

—

［つくり方］

真空調理した新玉ねぎ

❶ 新玉ねぎを厚さ5mmに切り、塩をふってしばらくおく。
❷ ①、トマト、フェンネルシード、コリアンダーシード、タイム、レモンの皮、オレンジ果汁、アンチョビ、オリーブオイルを袋に入れて真空にかけ、100℃のスチコンで15分加熱する。3時間ほどそのままおく。

じゃが芋

球状に抜いたじゃが芋をバターとオリーブオイルで揚げ焼きにする。ローリエ、ローズマリー、タイムで香りづけし、塩と胡椒で味をととのえる。

ソース

ジュ・ド・ヴォライユを温め、エルブ・ド・プロヴァンスとオリーブオイルを加え混ぜる。塩で味をととのえる。

仕上げ

❶ 皿に蛍烏賊のピサ・ラディエール（→127頁）を盛る。
❷ ①にソースをかけ、パルミジャーノのチュイルを盛りつける。赤からし水菜、セルバチコをのせる。燻製パプリカパウダーをふる。
❸ 皿の左奥にルーコラのピュレ（解説省略）を添える。

鱈白子のムニエル、蕪、春菊のピュレ

（カラー128頁）

—

［つくり方］

春菊のピュレ

❶ シュンギクを塩ゆでし、冷水にさらす。
❷ ①のシュンギクと、そのゆで汁をミキサーにかけてピュレにする。増粘剤（シャンタナ）を加えてとろみをつける。

仕上げ

❶ 皿に鱈白子のムニエル（→129頁）を盛り、ミニョネットをふる。
❷ カブを添え、春菊のソース（→ともに129頁）を流す。

ふぐの白子、堀川ゴボウ、トリュフ、鴨のコンソメ

（カラー130頁）

—

［つくり方］

鴨のラヴィオリ

❶ マグレ・ド・カナールを掃除して胸肉と脂身に分ける。
❷ ①の脂身を小さく切り、バーナーで焼いて余計な脂を出させる。
❸ ①の胸肉を小さく切り、②の脂身と合わせて混ぜる。塩で味をととのえる。
❹ ③を藁で燻して燻香をつける。
❺ ④を小さく丸めてラヴィオリ生地（解説省略）で包む。フォン・ブランでゆでて火を通す。

ジロール茸のオムレツ

（カラー132頁）

—

［つくり方］

ソースのベース

❶ エシャロットとベーコンを炒め、赤ワインを加えて液体がなくなるまで煮詰める。
❷ ①にフォン・ド・ヴォーを加えて味がのるまで煮詰め、漉す。

［柴田秀之／ラ クレリエール］

ピエ・ド・コション
オマールブルーと
リ・ド・ヴォーのファルシ
ソース・ペリグー

（カラー134頁）

—

［つくり方］

仕上げ

❶ 皿に菊芋のピュレ（解説省略）を流す。ピエ・ド・コション（→135頁）を盛り、トリュフのジュリエンヌをのせる。サラダ（解説省略）を添える。

❷ 客前でソース・ペリグー（解説省略）をかける。

フロマージュ・ド・
テット・ド・マルカッサン

（カラー136頁）

—

［つくり方］

仕上げ

❶ 切り分けたフロマージュ・ド・テット（→137頁）の上面左側に塩ゆでした菜の花をのせ、マスタードを添える。上面右側には小さな円形に抜いたじゃが芋のフライとトリュフを盛る。

❷ ①を3つ皿にのせ、両脇に菜の花のクーリを流す。周囲にニンジンのピュレ（ともに解説省略）を点描し、クミンパウダーをふる。

［石井 誠／ル・ミュゼ］

森／生態系 自然観

（カラー 140頁）

—

［つくり方］

キノコサブレ

→142頁を参照

キノコサブレ 黒

❶「キノコサブレ」の生地に竹炭を加えて黒い色をつけ、キノコサブレと同様に焼く。
❷ ①にキノコバター、椎茸パウダー、アイオリ、アロマティカスを盛り、半円形に抜いた椎茸の白い部分をのせる。

ピスタチオの苔

❶ クリームチーズにラム・レーズンを混ぜ合わせる。
❷ ①でマカダミアナッツを包み、ピスタチオパウダーをまぶす。
❸ ピスタチオパウダーを敷いた器に盛る。

ゆり根のモンブラン

→143頁を参照

森のクロケット

❶ じゃが芋を塩ゆでし、裏漉しする。
❷ ①にキノコのデュクセルを混ぜ合わせ、塩で味をととのえる（季節によって、トリュフのアッシェを加える）。竹炭で黒く色づける。
❸ ②にベニエ生地をつけて油で揚げる。
❹ 土を模したパウダー（解説省略）を敷いた器に③を盛る。

森のコンソメ

❶ 乾燥キノコ（アカヤマドリタケ、コウタケ、ハナビラタケ、モリーユなど）を70℃のミネラルウォーターで加熱し、風味を抽出する。漉す。
❷ ①に水出しした昆布だし（北海道・礼文島産香深昆布）とキジのコンソメを加える。
❸ ②を温め、①で用いた乾燥キノコを浮かべる。

仕上げ

❶ 木の葉や枝、松笠などを飾った大皿に、キノコサブレとキノコサブレ 黒を盛る。ドライアイスを仕込み、煙を出す。
❷ ピスタチオの苔、ゆり根のモンブラン、森のクロケット、森のコンソメとともに提供する。

キンキ／毛ガニ
赤パプリカ／トマト／苺

（カラー 144頁）

—

［つくり方］

仕上げ

❶ 皿に赤パプリカのジュ（→145頁）を流し、毛ガニ（→145頁）と、昆布だしでサッと湯引きしたキンキを盛る
❷ 白髪に切ったネギとウルイを氷水に放つ。水気をきっておく。
❸ ①に②を散らし、オリーブオイルをたらす。

［石井 誠／ル・ミュゼ］

青りんごのように
カキえもん／厚岸ウイスキー

（カラー 146頁）

—

［つくり方］

→147頁を参照

ボタンエビ／帯広山西農園産ゆり根“月光”
エストラゴン／茜色のクラリフィエ

（カラー 148頁）

—

［つくり方］

ボタンエビ

ボタンエビの殻をむいて背わたを取り、2%の塩をした冷たい昆布出汁にさっとくぐらせる。

仕上げ

❶ 器に、軽く温めた茜色のクラリフィエ（→ 149頁）を流し、食べやすい大きさにカットしたボタンエビを盛る。軽く塩をふる。
❷ ゆり根（→149頁）を添え、黒胡椒をふる。エストラゴン、ヴィオラの花を飾り、オリーブオイルをたらす。

春の訪れ
数の子／フキノトウ／ホタテ

（カラー 150頁）

—

［つくり方］

菜の花のピュレ

❶ 菜の花の茎と葉（花は仕上げ用に取りおく）を重曹入りの湯でさっとゆがく。
❷ ①と昆布だしをミキサーで撹拌する。増粘剤（シャンタナ）でとろみをつける。

黄色のジュ

黄パプリカ、マンゴー、柚子をスロージューサーにかける。

仕上げ

❶ ホタテの殻から身を外し、掃除する。割くように三等分する。
❷ 器に①、食べやすい大きさに手で割いた数の子（→ 151頁）を盛り、菜の花のピュレと黄色のジュを流す。
❸ フキノトウのフリット（解説省略）をのせ、昆布のエスプーマ（→151頁）を絞る。
❹ オリーブオイルをたらし、菜の花の花を飾る。

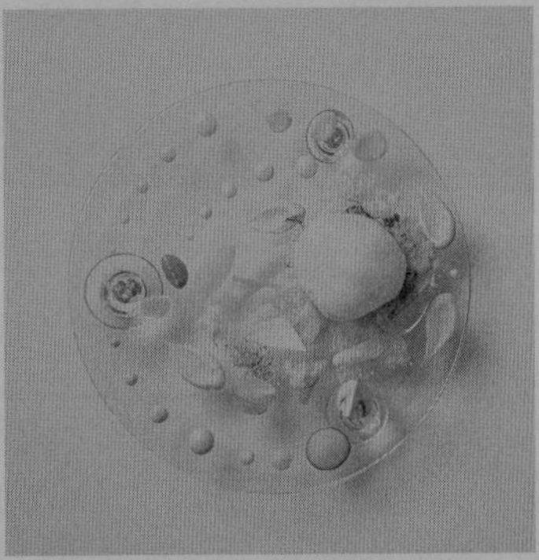

北海道の冬景色／一面の銀世界
ミュゼのサラダ・ヴァージョン2020

(カラー 152 頁)

—

［つくり方］

野菜とピュレ

下記のような野菜、ハーブを用いる。

野菜／ダイコンのピクルス(黒、白)、白ゴマ、カブ、じゃが芋(メークイン)、ゆり根、カリフラワー、白ニンジンのピクルス、ペコロス、レンコン、アルファルファ、白ネギ、椎茸、マッシュルーム、ポワローなど

温野菜／チンゲンサイ、ブロッコリー、パプリカ2種、紅芯ダイコン、セロリなど

飾りのハーブ類／チコリ、白髪ネギ、セルフイユ、イタリアンパセリ、ディル、セージ、豆苗など

ソース／白アイオリ、白ヴィネグレット(フロマージュ・ブラン)、白はちみつヴィネグレットなど

ピュレ／カリフラワー、アイユ、根セロリ、黒ダイコン、白ニンジンなど

仕上げ

❶ 材料をそれぞれ調理し、ガラス皿にバランスよく盛る。
❷ チーズ(北海道・興部町産) のすりおろしをふり、ごく薄くスライスした生ハムを添え、ベルスの泡をのせる(→ 153頁)。その際、色味のある野菜は泡の下に配置する。
❸ 客前で鮭だし(→153頁) をかける。

循環／森から海へ

(カラー 154頁)

—

［つくり方］

仕上げ

❶ 器にマダチ(→ 155頁) を盛り、ごく薄くスライスした生ハムをのせる。ショウガの搾り汁を少量たらす。
❷ ごく薄くスライスしたマッシュルームをのせ、キノコのパウダー(155頁) とオレンジのゼストをふる。
❸ 客前でキノコのブイヨン(→ 155頁) を注ぐ。

噴火湾フグ／そのヴァリエーション

(カラー 156 頁)

—

［つくり方］

フグのヴァプール

フグの身を30gほどのメダイヨンに切り、塩をふる。バットにのせてラップをかけ、70℃のスチコンで3分ほど蒸す。

白子のブール・ブラン

❶ エシャロットのアッシェと日本酒を煮詰めてレデュクションをつくる。
❷ ①にバターと白子のピュレ(→ 157頁「フグのブランマンジェ」の工程 2のもの) を加え、モンテする。
❸ 柚子果汁、柚子の皮のアッシェ、鶏醤*、ショウガの搾り汁を加え、塩で味をととのえる。

＊鶏醤(けいしょう) は、北海道・三笠市で生産される、鶏の内臓を主原料とする発酵調味料

仕上げ

❶ 皿にフグのヴァプールを2切れ盛り、白子のブール・ブランとサフランのブール・クラリフィエ(解説省略) を流す。片方のフグの断面にナスタチウムの葉をのせ、もう片方には柚子の皮をのせる。
❷ フグのブランマンジェ(→ 157頁) にショウガの搾り汁とシブレットオイルをたらし、別添えする。

［石井 誠／ル・ミュゼ］

海／モノトーンを描いて
蝦夷鮑／椎茸

（カラー 158頁）

—

［つくり方］

椎茸

❶ 椎茸（王様しいたけ）を二等分して、少量のオリーブオイルを敷いた鍋で断面が色づくまで焼く。
❷ バターをからめ、塩をふる。

仕上げ

❶ 泡立てる前のソース（→ 159頁）を少量取り分け、多めに竹炭を溶かして黒い色をつける。皿に線と点を描く。
❷ ①の皿に蒸し鮑（→159頁）と椎茸を盛り、泡立てたソース（→159頁）を流す。
❸ 黒オリーブのタプナード、発酵ニンニクのピュレ、竹炭のチュイル（すべて解説省略）を添える。

土のグラデーション
ゴボウ／札幌黄のラヴィオリ

（カラー 160頁）

—

［つくり方］

ラヴィオリ

❶ 玉ねぎ（札幌黄）をバターでじっくりスュエする。
❷ チーズ（北海道・興部町産）のすりおろしを加え、塩で味をととのえる。
❸ ②を北海道産小麦（キタノカオリ）のラヴィオリ生地（解説省略）で包み、フォン・ブランでゆでる。

牛乳の泡

温めた牛乳に10％量のバターを溶かし、乳化剤（シュクロエミュル）を加える。ハンドミキサーで攪拌して泡にする。

仕上げ

❶ 器にゴボウのピュレ（→161頁）を流し、ラヴィオリを盛る。
❷ 牛乳の泡とゴボウのエッセンスの泡（→ 161頁）をのせ、ゴボウパウダー（解説省略）をふる。
❸ 客前でキジのコンソメを注ぐ。

蝦夷バフンウニ／生ノリ／香深昆布

（カラー 162頁）

—

［つくり方］

大麦のリゾット

❶ 大麦と白米を研ぎ、合わせて炊く。
❷ 鍋にバターを溶かし、①とコンソメを熱してリゾットをつくる。
❸ 器にセルクルを置いて②を入れ、円形に抜く。ウニをのせ、半熟の卵黄を盛る。
❹ フルール・ド・セルをふり、シブレットの新芽をあしらう。

仕上げ

大麦のリゾットと蝦夷バフンウニ（→ 163頁）を同時に提供する。リゾットにウニをかけ、混ぜて食べるようすすめる。

エキゾチック
アンコウ／ココナッツミルク／ライム

（カラー 164頁）

—

［つくり方］

仕上げ

❶ 器にシブレットオイル、鶏醤、ライム果汁、ショウガの搾り汁、パセリのピュレ（解説省略）を流し、バターでブレゼしたほうれん草を盛る。
❷ ほうれん草の上にアンコウのヴァプール（→ 165頁）とココナッツの泡（解説省略）をのせる。コリアンダースプラウトをあしらう。
❸ ②とソース・トムヤムクン（→165頁）を同時に提供し、客前でソースを流す。

デニム／グレーのニット／ネイビー

（カラー 166頁）

—

［つくり方］

じゃが芋

❶ じゃが芋（音更町産熟成メークイン）を100℃のスチコンで40分 ～ 1時間蒸す（可能な限り、提供時間に合わせて蒸し上げる）。
❷ 直径2cm、高さ3cmの円柱状に切り出し、1cm分ほどをくり抜く。

グレーのムース

牛乳100g、生クリーム50g、サワークリーム（興部町産）150g、砂糖10g、シェリーヴィネガー（甘口）2g、竹炭1g、増粘剤（ガラクトマンナン）0.2gを合わせ、サイフォンに詰める。冷蔵庫で冷やしておく。

仕上げ

❶ じゃが芋にキャヴィアを詰め、グレーのムースを絞る。
❷ 皿に①を盛り、ソースを流す（→167頁）

ニュアンスを重ねて
エゾシカ／牡蠣

（カラー 168頁）

—

［つくり方］

牡蠣

❶ 牡蠣を昆布だしでポシェした後、軽く表面を乾かす。
❷ 藁で瞬間燻製にする。

牡蠣のジュ

❶ 牡蠣の殻を開ける際に出る液体をとる。
❷ ①を漉して、しっかりめにライム果汁をきかせる。

マッシュルーム

マッシュルーム（とかちマッシュ）を小角切りにして、バターでサッとソテーする。塩で味をととのえる。

仕上げ

❶ 木の皿にマッシュルームを敷き、エゾシカ（→ 169頁）をのせる。ミョウガの薄切りをばらして散らす。
❷ ①の隣に牡蠣を盛り、レモンのピュレ（解説省略）を添える。
❸ 牡蠣のジュを流し、オリーブオイルをたらす。シケレペの実（乾燥）のパウダーをふり、シケレペの泡（→169頁）をのせる。
❹ クレイトニア、ノコギリソウ、ヴィオラの花を添え、皿の奥にシケレペの実（乾燥）を飾る。

フランス料理の新しい前菜

初版発行　2020年10月15日
2版発行　2022年9月10日

編者©　柴田書店
発行者　丸山兼一

発行所　株式会社柴田書店
〒113-8477　東京都文京区湯島3-26-9 イヤサカビル
電話　営業部：03-5816-8282（注文・問合せ）
　　　書籍編集部：03-5816-8261
https://www.shibatashoten.co.jp

印刷・製本　図書印刷株式会社

Published by Shibata Publishing Company

ISBN 978-4-388-06330-7
Printed in Japan

撮影
鈴木陽介（Erz）／エスキス、フロリレージュ、ラ クレリエール
熊原哲也／メゾン・ラフィット、ル・ミュゼ

アートディレクション・デザイン
吉澤俊樹（ink in inc）

編集
丸田 祐